सम्यक् -सम्बुद्ध

सम्यक्-सम्बुद्ध

सीताराम गोयल

भारत-भारती
नई दिल्ली

संशोधित एवं परिवर्धित दूसरा संस्करण १९९७

ISBN 81-85990-38-7

प्रकाशक:
भारत–भारती
२/१८ अन्सारी रोड, नई दिल्ली – ११० ००२

मुद्रक:
डी. के. फाइन आर्ट प्रेस प्रा. लि.,
ए–निमड़ी कमर्शियल सेंटर
अशोक विहार, फेज–IV, दिल्ली – ११० ०५२

विषय-सूची

	दूसरी प्रस्तावना	क-ठ
	प्रथम प्रस्तावना	१
१	साधना एवं सिद्धि	८
२	धर्मचक्र-प्रर्वतन	३१
३	श्रमण और ब्राह्मण	७०
४	बौद्धमत: हिन्दूधर्म का ही सम्प्रदाय	९६

दूसरी प्रस्तावना

सुत्तपिटक के चार निकायों — दीघ, मज्झिम, संयुत्त, अंगुत्तर—और विनयपिटक का पारायण करके भगवान् बुद्ध के शिक्षापदों का यह संकलन मैंने छत्तीस वर्ष पूर्व किया था। बीच की अवधि में मुझे बौद्धमत की विविध परम्पराओं के विषय में अनेक प्राचीन तथा अर्वाचीन ग्रन्थ पढ़ने का अवसर मिला है। महाभारत इत्यादि से प्राप्त सनातन धर्म की सर्वाङ्ग-सम्पूर्ण दृष्टि से बौद्धमत को आंकने का प्रयास भी मैंने यथासाध्य किया है। फिर भी इस संकलन में कुछ भी घटाने अथवा बढ़ाने का औचित्य मैं नहीं देख पाता। मैं मानता हूँ कि बौद्धमत का मर्म इस संकलन में पूर्णतः प्रकट है।

श्री रामस्वरूप के अंग्रेजी लेख का हिन्दी अनुवाद जो मैंने प्रथम संस्करण के साथ जोड़ा था, वह भी इस संस्करण में प्रायशः यथापूर्व है। १९८४ में मूल अंग्रेजी लेख का पुनर्मुद्रण करने का प्रसंग उठा तो लेखक ने कुछ अंश संशोधित किए थे। १९८७ में हिन्दी अनुवाद का अलग से पुनर्मुद्रण हुआ तो ये अंश उस में भी संशोधित कर दिए गए थे। उस समय अनुवाद की भाषा को भी यत्र-तत्र निखारा गया था। वह दूसरा अनुवाद ही इस संस्करण में दिया गया है। केवल अनुवाद की भाषा का कुछ और परिष्कार किया गया है।

प्रथम प्रस्तावना के छठे पैरा में ऋषि-मुनि इत्यादि अध्यात्म-साधकों की पंक्तिमें 'सूफी' भी स्थान पा गया था। सूफीमत के विषय में नितान्त अज्ञ होने के कारण और सुनी-सुनाई हिन्दू कपोल-कल्पनाओं पर निर्भर रहने के कारण उस समय यह भूल मुझ से हुई थी। इस बीच मैंने मूल सूफी साहित्य का विशद अध्ययन किया है। अब मेरा यह दृढ़ मत है कि इस देश में जो सूफी सिलसिले पले-पनपे उन में अध्यात्म खोजना तो दूर की बात है, मानवसुलभ साधारण नैतिकता की भी गन्ध उन में नही मिलती। सूफी लोग मुल्लाओं की तुलना में कहीं अधिक मतान्ध रहे हैं। वे हिन्दुओं को लूट कर लाए गए माल को अल्लाह का वरदान मान कर सहर्ष स्वीकार करते रहे हैं। सूफियों की जो दरगाह इस देश में फैली पड़ी हैं उन में से अधिकांश हिन्दुओं के मन्दिर तोड़ कर, उन मन्दिरों के स्थान पर, और बहुधा उन मन्दिरों के मलबे से, बनाई गई

है। इस्लाम की सेनाओं द्वारा अविजित हिन्दू राज्यों में अड्डे जमा कर जासूसी करना, मुस्लिम आक्रान्ताओं का आह्वान करना, और आक्रान्ताओं को मार्ग दिखलाना सूफियों का प्रथम कर्त्तव्य रहा है। सूफी-सम्राट् माने जाने वाले अजमेर के मुइनुद्दीन चिश्ती के विषय में सूफी साहित्य हमें बतलाता है कि उस ने चौहान राज्य पर आक्रमण करने के लिए मुहम्मद गौरी को बुलाया था। उस की दरगाह सैकड़ों हिन्दू मन्दिर तोड़ कर उन के स्थान पर और उनके मलबे से बनाई गई है। वह जब ९० वर्ष का था तो एक हिन्दू राजा की लड़की को लूट कर लाया गया और उसे जब "आप को पेश किया गया" तो "आप ने कबूल फरमाया"। अतएव इस दूसरे संस्करण में 'सूफी' को अध्यात्म-साधकों की पंक्ति में से निकाल दिया गया है। शेष प्रस्तावना यथापूर्व है।

(२)

प्रस्तुत प्रस्तावना में मैं भगवान् बुद्ध और बौद्धमत के प्रति किए गए उस अभूतपूर्व दुराचार का उल्लेख करना चाहता हूं जो डा. भीमराव अम्बेडकर द्वारा सम्पन्न हुआ है। जिस समय मैंने प्रथम प्रस्तावना लिखी उस समय मैंने यह तो सुन रक्खा था कि डा. अम्बेडकर ने अपने अनुयाइयों सहित बौद्धमत अपनाया है। किन्तु मुझे यह ज्ञात नहीं था कि उन्होंने उस समय लिखी गई अपनी पुस्तक में एक ऐसे नवीन बुद्ध और एक ऐसे नवीन बौद्धमत का आविष्कार किया है जिन का उन भगवान् बुद्ध तथा उस बौद्धमत से दूर का भी नाता नहीं जो हमें बौद्धमत के परम्परा-प्राप्त और विपुल वाङ्मय में मिलते हैं। मैं तो यही समझा था कि उन्होंने महाबोधि सभा द्वारा प्रचारित थेरवाद(स्थविरवाद) में दीक्षा ली होगी। किन्तु अभी कुछ दिन पूर्व उन की पुस्तक 'दि बुद्ध एण्ड हिज धम्म' पढ़ कर मैं सन्न रह गया। मेरे लिए यह कल्पनातीत था कि भगवान् बुद्ध तथा बौद्धमत के साथ कोई व्यक्ति, जिसका जन्म इस देश में और हिन्दू समाज में हुआ हो, इतना बड़ा दुराचार कर सकता है।

ईसाइ मिशनरी, पाश्चात्य के भारतविद्या-विद् तथा मार्क्सवादी व्याख्याकार बहुत दिन से भगवान् बुद्ध को सनातन धर्म की ब्राह्मण-परम्परा के विरुद्ध विद्रोही बना कर प्रस्तुत कर रहे थे। वे लोग बौद्धमत को अध्यात्मन्वेषण का मार्ग न मान कर सामाजिक सुधार का एक आन्दोलन मात्र बतला रहे थे। किन्तु

मेरी जानकारी में उन में से किसी ने भी भगवान् बुद्ध के चरित् को अपने मनमाने सांचे में ढालने का प्रयास नहीं किया था। न ही उन में से किसी ने भगवान् बुद्ध के शिक्षापदों को कूट-पीट कर अपनी खोपड़ी की खुजलाहट के अनुरूप बनाया था। किन्तु डा. अम्बेडकर ने ये दोनों दुष्कर्म सहज ही कर दिखाए। यदि यह कहा जाए कि डा. अम्बेडकर ने भगवान् बुद्ध को अपना ही प्रतिरूप बना डाला है तो अतिशयोक्ति नही होगी। भगवान् बुद्ध के शिक्षापदों के साथ जो मनमानी खिलवाड़ डा. अम्बेडकर ने की है वह भी वैसी ही विद्रूप है।

अपने इस दुराचार की जो मार्जना डा. अम्बेडकर ने उपरोक्त पुस्तक की भूमिका में की है, वह निम्नोक्त है:

> जो व्यक्ति स्वयं बौद्धमत का अनुयायी नहीं है उसके लिए बुद्ध के चरित् तथा शिक्षापदों को एक संगतिपूर्ण समग्र के रूप में प्रस्तुत करना अत्यन्त दुष्कर है। निकायों पर निर्भर रहा जाए तो बुद्ध के चरित् में संगति बैठाना तो कठिन हो ही जाता है, उन की शिक्षा के कई-एक अंगों में संगति देख पाना और भी दुःसाध्य है। अतएव यह कहना अतिशयोक्ति नही होगा कि संसार में जितने भी पंथ-संस्थापक (founders of religion) हुए हैं, उन सब में बुद्ध का चरित् और उनके शिक्षापद ही ऐसी समस्याएं उपस्थित करते हैं जो दुस्तर नहीं तो दुर्बोध्य अवश्य हैं। क्या यह वाञ्छनीय नही कि इन समस्याओं को सुलझाया जाए और बौद्धमत का मार्ग प्रशस्त किया जाए? क्या वह समय नहीं आ गया है कि बौद्धमत को मानने वाले इन समस्याओं के विषय में विशद विचार-विमर्श करें और जो-जो प्रकाश उन्हें उपलब्ध है उसे इन समस्याओं पर डालें?
>
> इन समस्याओं पर विचार-विमर्श किया जा सके, इस लिए मैं यहां उन का उल्लेख किए देता हूं। प्रथम समस्या बुद्ध के चरित् की मुख्य घटना से सम्बन्धित है, अर्थात परिव्रजा। बुद्ध ने किसलिए परिव्रजा ली? परम्परागत उत्तर यह है कि एक मृत व्यक्ति, एक रुग्ण व्यक्ति, और एक वृद्ध व्यक्ति को देखकर उन्होंने परिव्रजा ली। बुद्ध ने परिव्रजा २९ वर्ष की आयु में ली थी। यदि उन्होंने ये दृश्य देख कर परिव्रजा ली तो क्या उन्होंने इस के पूर्व ये दृश्य नहीं देखे थे? ये साधारण घटनाएं है जो सैकड़ों की संख्या में घटित होती रहती हैं, और बुद्ध इस के पूर्व इन्हें देखे बिना नहीं रह सकते

थे। इस परम्परागत उत्तर को स्वीकार करना असम्भव है कि उन्होंने इसी समय ये दृश्य पहली बार देखे थे। यह समाधान तर्कसम्मत नही, और न ही यह बुद्धि को भाता है। किन्तु यदि प्रश्न का यह उत्तर सही नही है, तो सही उत्तर क्या है?

दूसरी समस्या चार आर्य-सत्य उपजाते हैं। क्या ये बुद्ध के मूल शिक्षापदों के अंग हैं? यह धारणा तो बौद्धमत की जड़ ही काट डालती है। यदि जीवन दुःख है, मृत्यु दुःख है, पुनर्जन्म दुःख है, तो सब कुछ का अन्त हो जाता है। मनुष्य को इस संसार में सुख पाने के लिए न धर्म से सहायता मिल सकती है, न दर्शन से। यदि दुःख से छुटकारा ही सम्भव नहीं तो उस दुःख से छुटकारा दिलाने के लिए जो जन्म के साथ जुड़ा है, धर्म क्या कर सकता है, बुद्ध क्या कर सकते हैं? जो लोग बौद्ध नहीं हैं उन के द्वारा बौद्धमत अपनाए जाने के मार्ग में ये चार आर्य-सत्य बहुत बड़ी बाधा हैं। कारण, ये चार आर्य-सत्य मनुष्य की आशा छीन लेते हैं। ये चार आर्य-सत्य बुद्ध के सन्देश को निराशावाद का सन्देश बना देते हैं। क्या ये मूल सन्देश का अंग है, अथवा ये भिक्षुओं द्वारा बाद में जोड़े गए हैं?

तीसरी समस्या आत्मा, कर्म और पुनर्जन्म के सिद्धान्तों से सम्बन्धित है। बुद्ध ने आत्मा का अस्तित्व अस्वीकार किया था। किन्तु उन के विषय में कहा जाता है कि कर्म और पुनर्जन्म के सिद्धान्तों को वे मानते थे। यदि आत्मा नही है तो कर्म कैसे हो सकता है? यदि आत्मा नहीं है तो पुनर्जन्म कैसे हो सकता है? ये प्रश्न दुस्तर हैं। बुद्ध ने 'कर्म' और 'पुनर्जन्म' शब्दों का प्रयोग किस अर्थ में किया था? क्या उन्होंने इन शब्दों का प्रयोग उस अर्थ से भिन्न अर्थ में किया था जो उन के समय के ब्राह्मण करते थे? यदि हां, तो वह अर्थ क्या था? क्या उन्होंने इन शब्दों का प्रयोग उस अर्थ में किया था जिस अर्थ में ब्राह्मण करते थे? यदि हां, तो क्या आत्मा को अस्वीकार और कर्म तथा पुनर्जन्म को स्वीकार कर लेने के बीच विकट विसंगति नही है? इस विसंगति को दूर करना होगा।

चौथी समस्या भिक्खू से सम्बन्धित है। भिक्खू बनाते समय बुद्ध का उद्देश्य क्या था? क्या उन का उद्देश्य एक सिद्ध पुरुष पैदा करना था? अथवा उनका उद्देश्य था समाज के एक ऐसे सेवक को तैयार करना जो

जनता की सेवा में, जनता का मित्र, मार्गदर्शक और समाधानकर्त्ता बन कर जीवन बिताए? यह प्रश्न अत्यन्त मार्मिक है। इस पर बौद्धमत का भविष्य निर्भर करता है। यदि भिक्खू केवल एक सिद्ध पुरुष है, तो बौद्धमत के प्रचार के लिए वह किसी काम का नहीं। कारण, सिद्ध पुरुष होते हुए भी वह स्वार्थी पुरुष है। दूसरी ओर, यदि वह समाज का सेवक है तो बौद्धमत के लिए आशा का स्थान सिद्ध हो सकता है। इस प्रश्न का उत्तर सैद्धान्तिक संगति की दृष्टि से उतना नहीं जितना कि बौद्धमत के भविष्य की दृष्टि से दिया जाना चाहिए।

डा. अम्बेडकर के इस वितण्डा के साथ उलझना बकवाद को शास्त्रार्थ मान लेने की भूल होगी। यहां तो इतना कह देना पर्याप्त है कि संसार भर में बौद्धमत के जितने भी सम्प्रदाय हैं उन सब ने डा. अम्बेडकर द्वारा आविष्कृत ''बुद्ध'' और ''बौद्धमत'' का प्रत्याख्यान किया है, और आविष्कर्त्ता को एक राजनयिक से अधिक कुछ नहीं माना है। भगवान् बुद्ध का चरित् क्या था और उन के शिक्षापद क्या थे, वह सब उन सम्प्रदायों के साहित्य में विस्तार से और संक्षिप्ततः इस संकलन में स्पष्ट है। यहां तो हम केवल यह चर्चा करना चाहते है कि डा. अम्बेडकर ने अपनी खोपड़ी की खुजलाहट को प्राचीन भारतवर्ष के किसी महापुरुष के मुंह में ठूंसने के लिए भगवान् बुद्ध को ही क्यों चुना।

इस दुराचार का एक ही कारण हमें सूझता है। डा. अम्बेडकर ने सनातन धर्म की मुख्य धारा अर्थात् ब्राह्मण-परम्परा के प्रति विकट विद्वेष का पोषण करते हुए ही अपना जीवन बिताया था। अतएव वे सहज ही उस अपप्रचार का शिकार हो गए जो सनातन धर्म की श्रमण-परम्परा को ब्राह्मण-परम्परा के प्रति विद्वेषपूर्ण बना कर प्रस्तुत करता है। यह अपप्रचार डा. अम्बेडकर के समय तक बहुत व्यापक हो चला था। ईसाइयों का मिशनरी-तन्त्र और मार्क्सवादियों के अनेक गठजोड़ अपप्रचार में जुटे हुए थे। अपने-आप को निष्ठावान् हिन्दू मानने वाले बहुत से विद्वान और नेता भी इस अपप्रचार से प्रभावित होते जा रहे थे। इस प्रकार के वैचारिक परिवेश में डा. अम्बेडकर ने अपना ब्राह्मण-विद्वेष यदि भगवान् बुद्ध के माथे मढ़ दिया तो आश्चर्य नहीं होना चाहिए।

किन्तु डा. अम्बेडकर यदि आंखे खोलकर सनातन धर्म की दोनों परम्पराओं का वाङ्मय देखते, तो यह सत्य उन के सामने पड़ा था कि दोनों परम्पराओं के

बीच विभेद होते हुए भी विद्वेष कभी नहीं रहा। उपनिषद् और आरण्यक और महाभारत आदि ब्राह्मण-परम्परा के साहित्य में 'श्रमण' का उल्लेख सम्मान-पूर्वक किया गया है। स्वयं भगवान् बुद्ध के शिक्षापदों में 'श्रमण' तथा 'ब्राह्मण' का उल्लेख अनेक बार एकसाथ और श्रद्धासहित मिलता है। इसी प्रकार अशोक के सभी शिलालेखों में। इन उल्लेखों में 'ब्राह्मण' के प्रति उसी सम्मान की सूचना है जो 'श्रमण' के प्रति प्रकट करना इनका उद्देश्य है। परवर्ती काल में ब्राह्मणों तथा बौद्धों के बीच जो शास्त्रार्थ हुए उन में विदग्धता भले ही हो परस्पर विद्वेष नहीं मिलता। डा. अम्बेडकर यदि साहित्य और शास्त्रार्थ की उस परम्परा को ही प्रमाण मानते तो वे भगवान् बुद्ध और बौद्धमत के प्रति इतना बड़ा दुराचार करने के लिए लालायित नहीं होते।

(३)

सनातन धर्म की श्रमण तथा ब्राह्मण परम्पराओं के बीच विद्यमान जिस विभेद को विद्वेष बता कर अथवा बना कर बहुत बड़ा अपप्रचार किया जा रहा है, उस विभेद के विषय में दो शब्द कह देना अप्रासंगिक नहीं होगा।

कहना न होगा कि श्रमण-परम्परा इस देश में उतनी ही पुरानी हैं जितनी कि ब्राह्मण-परम्परा। सनातन धर्म के प्राचीन वाङ्मय में श्रमण-परम्परा को कई नामों से पुकारा गया है। उपनिषदों में इसे 'नेति नेति' (यह नहीं, यह नहीं) और निःश्रेयस की दृष्टि कहा गया है। उपनिषदों का सार मानी जाने वाली भगवद्गीता में इस का नाम सांख्ययोग, ज्ञानयोग, कर्मसन्यास और नैष्कर्म्य की निष्ठा है। इतिहास-पुराण में इसे निवृत्ति का मार्ग माना गया है। बौद्ध और जैन इत्यादि श्रमण-साहित्य में इसे श्रमण-मार्ग के अतिरिक्त निर्वाण, निर्वेद, उपशम, सम्बोधि, विराग, और कैवल्य आदि की साधना कहा गया है।

प्राचीन भारत में श्रमण-परम्परा के अनेक सम्प्रदायों का सन्धान मिलता है। पालि त्रिपिटक और जैन सूत्रों में इस परम्परा के कई-एक विख्यात सम्प्रदायों का विस्तरशः उल्लेख है। किन्तु बौद्धमत का प्रताप कुछ ऐसा रहा कि उसके सामने जैनमत के अतिरिक्त श्रमण-परम्परा के अन्य समस्त सम्प्रदाय मात खा गए, और लुप्त हो गए। आगे चल कर बौद्धमत को भी ब्राह्मण-परम्परा ने आत्मसात् कर लिया। अब तो श्रमण-परम्परा का एकमात्र सम्प्रदाय जैनमत के

रूप में ही बचा है।

श्रमण-परम्परा द्वारा विहित साधनाएं अनेक प्रकार की रही हैं, उस के इतिहास में उभरने वाली तत्त्वमीमांसाएं भी अनेक हैं। किन्तु उस की मूलभूत दृष्टि सर्वथा सरल है। इस दृष्टि के अनुसार ब्रह्माण्ड का सारा पसारा असार और अर्थहीन है; इहलोक में मनुष्य की जीवनयात्रा केवल दुःख है; राज-समाज की सारी व्यवस्थाएं और गार्हस्थ्य के सारे विधि-विधान बन्धन मात्र हैं; अतएव मानवप्राणी का चरम पुरुषार्थ यही हो सकता है कि वह घर से बेघर हो कर, संसार के समस्त व्यापार से मुख मोड़ कर, किसी-न-किसी साधना द्वारा इस प्रपञ्च से अपना पिंड छुड़ा ले।

दूसरी ओर ब्राह्मण-परम्परा जिसका विस्तार हमें वेद-वेदाङ्ग, इतिहास-पुराण और धर्मशास्त्रों में मिलता है, ब्रह्माण्ड को ब्रह्ममय मानती है; इहलोक के जीवन को यज्ञ के रूप में देखती है; राज-समाज की व्यवस्था को साधुजन की रक्षा और दुष्टजन के विनाश का साधन समझती है; गार्हस्थ्य को सर्वोच्च स्थान देती है; और कहती है कि धर्म, अर्थ तथा काम नाम के तीन पुरुषार्थ मोक्ष नाम के चौथे पुरुषार्थ के बाधक नहीं, साधक हैं। अतएव यह परम्परा 'नेति नेति' (यह नहीं, यह नहीं) का प्रत्याख्यान नहीं करती किन्तु उस के साथ-साथ 'एतद्वैतद्' (यह भी वही है) कहती है; निःश्रेयस को नकारती नहीं किन्तु उसी स्वर में अभ्युदय का आग्रह करती है।

संक्षेप में कहां जाए तो परमार्थ के प्रसंग में दोनों परम्पराओं की दृष्टि एक होते हुए भी, इह्यार्थ के प्रसंग में इन के बीच भारी मतभेद है। श्रमण-परम्परा इह्यार्थ जैसा कोई अर्थ ही स्वीकार नही करती, जबकि ब्राह्मण-परम्परा सिंहनाद करती है कि परमार्थ की साधना में यदि इह्यार्थ की अवहेलना होती है तो परमार्थ की साधना का लोप होने में देर नही लगेगी, इहलोक यदि नष्ट हो जाता है तो परलोक-प्राप्ति का मार्ग भी अचिर में अवरुद्ध हो जाएगा।

दो दृष्टियों का यह साम्य और विभेद अनेक प्रसंगों में व्यक्त हुआ है। श्रमण-परम्परा में दो ही आश्रम हैं — उपासक और भिक्षु। ब्राह्मण-परम्परा चार आश्रमों की व्यवस्था देती है — ब्रह्मचर्यवास, गार्हस्थ्य, वानप्रस्थ, और सन्यास। श्रमण-परम्परा समाज-व्यवस्था के विषय में सर्वथा मौन है। ब्राह्मण-परम्परा वर्ण, जाति, विविध संस्कार-कर्म और अनेक प्रकार के आचार को

लेकर बहुत व्यस्त है। 'राजधर्म' शब्द भी श्रमण-परम्परा में सुनाई नही देता। ब्राह्मण परम्परा, राजधर्म को अन्य समस्त धर्मों का परित्राता मान कर, उस पर विस्तार से चर्चा करती है। श्रमण-परम्परा मनुष्य को स्वयं के परे किसी का ऋणी नहीं मानती। ब्राह्मण-परम्परा का आग्रह है कि ऋषि-ऋण, पितृ-ऋण, मनुष्य-ऋण, देव-ऋण, और भूत-ऋण से उऋण होने की प्रक्रिया में मनुष्य परमार्थ की ओर अग्रसर होता है। अतएव श्रमण-परम्परा में एक ओर मोक्ष-शास्त्रों की भरमार है, और दूसरी ओर इहलोक-यात्रा-सम्बन्धी शास्त्रों का पूर्ण अभाव। ब्राह्मण-परम्परा में मोक्ष-शास्त्रों की कमी नहीं, किन्तु वहां धर्मशास्त्र (स्मृति-संहिता) भी हैं, अर्थशास्त्र भी, और कामशास्त्र भी।*

दोनों परम्पराओं के बीच साम्य और विभेद की विवेचना जैसी भगवद्गीता में उपलब्ध है वैसी अन्यत्र कही नहीं मिलती। वहीं से कुछ श्लोक हम यहां उदधृत कर रहे हैं।

सनातन धर्म में दो परम्पराएं है, यह निम्नोक्त श्लोक (३.३) में स्पष्ट है:

लोकेऽस्मिन् द्विविधा निष्ठा
पुरा प्रोक्ता मयानघ।
ज्ञानयोगेन सांख्यानां
कर्मयोगेण योगिनाम्॥

अर्थात्, "इस लोक में बहुत पहिले से दो निष्ठाएं मेरे द्वारा बतलाई जा चुकी हैं। सांख्य की निष्ठा है ज्ञानयोग, और योग की कर्मयोग।"

यहां 'योग' शब्द का प्रयोग दो अर्थो में हुआ है। एक प्रयोग है निष्ठा अर्थात् परम्परा के अर्थ में। दूसरा प्रयोग है साधना-पद्धति के अर्थ में। श्रमण-परम्परा को यहा सांख्य की परम्परा कहा गया है, जिसकी साधना-पद्धति है ज्ञानयोग। ब्राह्मण-परम्परा को यहां योग की परम्परा कहा गया है, जिसकी साधना-पद्धति है कर्मयोग।

* प्राचीन और प्रामाणिक ब्राह्मण-परम्परा में कामशास्त्र का विषय वह नहीं रहा जो वात्स्यायन के कामसूत्र का है, अर्थात नर-नारी का मैथुन। वहां कामशास्त्र के व्यापक अर्थ दिए गए हैं जिस के अर्न्तगत काव्य, शिल्प और अनेक प्रकार की कलाएं है, यहां तक कि आयुर्वेद और ज्योतिष भी।

दोनों परम्पराओं की बीच निःश्रेयस अर्थात् परमार्थ की दृष्टि से जो साम्य है वह निम्नोक्त श्लोकों (५.४-५) में बतलाया गया है:

सांख्ययोगौ पृथग् बालाः प्रवदन्ति न पण्डिताः।
एकमप्यास्थितः सम्यगुभयोर्विन्दते फलम्॥
यत् सांख्यैः प्राप्यते स्थानं तद्योगैरपि गम्यते।
एकं सांख्यं च योगं च यः पश्यति स पश्यति॥

अर्थात्, "यह बात अनजान लोग ही कहते हैं कि सांख्य और योग सर्वथा भिन्न हैं, जानकार लोग ऐसा नहीं कहते। इन दोनों निष्ठाओं में से जिस एक में भी साधक भलीभांति सिद्ध हो जाए तो उसे दोनों का फल मिल जाता है। जो स्थान सांख्य की साधना द्वारा प्राप्य है, वह योग की साधना द्वारा भी पहुंचा जाता है। जो यह समझ लेता है कि (परमार्थ की दृष्टि से) सांख्य और योग एक ही हैं, वह समझदार है।"

तदनन्तर योग अर्थात् ब्राह्मण-परम्परा का वैशिष्ट्य निम्नोक्त श्लोकों (३.४-९, १५-१६, १९-२१, २५-२६) में समझाया गया है।

न कर्मणामनारम्भान्नैष्कर्म्यं पुरुषोऽश्नुते।
न च संन्यसनादेव सिद्धिं समधिगच्छति॥
न हि कश्चित् क्षणमपि जातु तिष्ठत्यकर्मकृत्।
कार्यते ह्यवशः कर्म सर्वः प्रकृतिजैर्गुणैः॥
कर्मेन्द्रियाणि संयम्य
य आस्ते मनसा स्मरन्।
इन्द्रियार्थान् विमूढात्मा
मिथ्याचारः स उच्यते॥
यस्त्विन्द्रियाणि मनसा नियम्यारभतेऽर्जुन।
कर्मेन्द्रियैः कर्मयोगमसक्तः स विशिष्यते॥
नियतं कुरु कर्म त्वं कर्म ज्यायो ह्यकर्मणः
शरीरयात्रापि च ते न प्रसिध्येदकर्मणः॥
यज्ञार्थात् कर्मणोऽन्यत्र लोकोऽयं कर्मबन्धनः।
तदर्थं कर्म कौन्तेय मुक्तसङ्गः समाचर॥
कर्म ब्रह्मोद्भवं विद्धि ब्रह्माक्षरसमुद्भवम्।

तस्मात् सर्वगतं ब्रह्म नित्यं यज्ञे प्रतिष्ठितम्॥
एवं प्रवर्तितं चक्रं नानुवर्तयतीह यः।
अघायुरिन्द्रियारामो मोघं पार्थ स जीवति॥
तस्मादसक्तः सततं कार्यं कर्म समाचर।
असक्तो ह्याचरन् कर्म परमाप्नोति पूरुषः॥
कर्मणैव हि संसिद्धिमास्थिता जनकादयः।
लोकसंग्रहमेवापि संपश्यन् कर्तुमर्हसि॥
यद्यदाचरति श्रेष्ठस्तत्तदेवेतरो जनः।
स यत्प्रमाणं कुरुते लोकस्तदनुर्वते॥
सक्ताः कर्मण्यविद्वांसो यथा कुर्वन्ति भारत।
कुर्याद्विद्वांस्तथासक्तश्चिकीर्षुर्लोकसंग्रहम्॥
न बुद्धिभेदं जनयेदज्ञानां कर्मसङ्गिनाम्।
जोषयेत् सर्वकर्माणि विद्वान् युक्तः समाचरन्॥

अर्थात्, ''कर्म आरम्भ न करने से ही कोई मनुष्य नैष्कर्म्य की स्थिति प्राप्त नही कर लेता, और न सन्यास के द्वारा ही सिद्ध हो जाता है। कोई भी मनुष्य एक क्षण के लिए भी कर्म किए बिना नहीं रह सकता। प्रकृति के (सत्त्व, रज, तम) गुण सब को बलात् कर्म में प्रवृत्त करते रहते हैं। कर्मेन्द्रियों पर लगाम लगा कर जो मनुष्य मन-ही-मन इन्द्रियार्थों का ध्यान करता हुआ बैठा रहता है वह विमूढ़ात्मा है, उस को मिथ्याचारी कहा जाता है। किन्तु जो मनुष्य मन को इन्द्रियार्थों से हटा कर और इस प्रकार अनासक्त रह कर कमेन्द्रियों को कर्म में लगाता है, वह श्रेष्ठतर है। अतएव तुम्हारे लिए जो कर्म नियत है, उसे तुम करो। अकर्म की अपेक्षा कर्म करना अधिक अच्छा है। कर्म किए बिना तुम्हारी शरीरयात्रा भी सम्भव नहीं। (किन्तु कर्म को यज्ञ के रूप में करो) यज्ञ की भावना के बिना कर्म करने वाले के लिए यह लोक बन्धन बन जाता है। अतएव अनासक्त रह कर ही कर्म करो। कर्म को ब्रह्म से उद्भूत मानो। ब्रह्म का उद्भव अक्षर अर्थात् परात्पर सत्य से हुआ है। अतएव वह सर्वव्यापी ब्रह्म सदा यज्ञ की भावना से किए गए कर्म में विद्यमान रहता है। इस प्रकार जिस चक्र को प्रवर्तित किया गया है उस का अनुवर्तन जो नही करता, वह पाप का जीवन जीता है। इन्द्रियसुख में लिप्त रहने वाले का जीवन व्यर्थ हो जाता है। अतएव

अनासक्त रह कर सतत ही करणीय कर्म करते रहो। अनासक्त रह कर कर्म करता हुआ मनुष्य परमार्थ को पा लेता है। जनकादि राजर्षि कर्म करते हुए ही पूर्ण सिद्धि में स्थित हुए थे। इसलिए लोकसंग्रह को देखते हुए भी कर्म करना चाहिए। श्रेष्ठ मनुष्य जो आचरण करते हैं, वही अन्य मनुष्य भी करने लगते हैं। श्रेष्ठ मनुष्य जिस कर्म को प्रमाण बना देते हैं, उसी का अनुसरण अन्य मनुष्य करते हैं। अतएव अविद्वान् मनुष्य जिस कर्म को आसक्त हो कर करते हैं, उसी को विद्वान् मनुष्य लोकसंग्रह के लिए अनासक्त रह कर करे। विद्वान मनुष्य के लिए यह उचित नहीं कि कर्म में आसक्त रहने वाले अज्ञानी लोगों में बुद्धिभेद पैदा करे। उस के लिए तो यही उचित है कि स्वयं अनासक्त रह कर कर्म करते हुए, सब लोगों को कर्म में प्रवृत्त करे।''

संक्षेप में कहा जाए तो (५.२):

सन्यासः कर्मयोगश्च निःश्रेयसकरावुभौ।
तयोस्तु कर्मसंन्यासात् कर्मयोगो विशिष्यते॥

अर्थात्, ''कर्मसन्यास और कर्मयोग दोनों ही निःश्रेयसकर हैं। किन्तु उन दोनों की तुलना की जाए तो कर्मसन्यास की अपेक्षा कर्मयोग बढ़कर है।''

ब्राह्मण-परम्परा और श्रमण-परम्परा के बीच भगवद्गीता द्वारा इस प्रकार बतलाए गए साम्य और विभेद को दृष्टिगत करके यदि अपप्रचार के साहित्य का अवलोकन किया जाए तो उस साहित्य में दो दोष तुरन्त ही उभर कर सामने आते हैं। पहिला दोष यह है कि वह साहित्य दोनों परम्पराओं के बीच विद्यमान साम्य की बात तो कभी भूल कर भी नहीं कहता। दूसरा दोष, जो और भी गुरुतर है, यह है कि वह साहित्य श्रमण-परम्परा में एक सम्यक् समाज-व्यवस्था के सूत्रों का आविष्कार करता रहता है। यह चेष्टा उतनी ही मूर्खतापूर्ण है जितनी कि पत्थर में से तेल निकालने की चेष्टा। जिस श्रमण-परम्परा में लोकयात्रा और लोकसंग्रह के प्रति पूर्ण मौन व्याप्त है, उस में ब्राह्मण-परम्परा द्वारा दी गई व्यवस्थाओं और विधि-विधानों कें विषय में केवल विद्रोह ही नही अपितु वैकल्पिक व्यवस्था और विधि-विधान खोजना सर्वथा हास्यास्पद है। फिर भी प्रगतिवाद की रट लगाने वाले और सामाजिक साम्य तथा न्याय का ढिंढोरा पीटने वाले लोग बौद्धमत में यह सब देखते और दिखलाते रहते हैं।

इस प्रसंग में डा. अम्बेडकर एक प्रकार से प्रशंसनीय है। उन्होंने परम्परा से

प्राप्त बौद्ध साहित्य को देखते ही यह निष्कर्ष निकाल लिया कि समाज-सुधार की दृष्टि से वह साहित्य किसी काम का नहीं। इस निष्कर्ष पर पहुंच कर यदि वे बौद्धमत का पिंड छोड़ देते, तो यह सराहनीय होता। किन्तु ऐसा न कर के उन्होंने एक नवीन बुद्धचरित् और एक नवीन बौद्धमत का आविष्कार करने का जो कुप्रयास किया है, वह सर्वथा निन्दनीय है।

नई दिल्ली

१६ अक्तूबर १९९६ **सीताराम गोयल**

प्रथम प्रस्तावना

भगवान् बुद्ध के मूल शिक्षापदों की शरण लेते ही यह तथ्य सर्वथा स्पष्ट हो जाता है कि वे अध्यात्म-साक्षात्कार को ही अपने सिद्धान्त का सर्वस्व मानते थे। त्रिपिटक के विभिन्न ग्रन्थों में हम उनको सब प्रकार की तत्त्वमीमांसा का बारम्बार तिरस्कार करते हुए पाते हैं। उनके शिक्षापदों का सार यही है कि साधक उनकी बतलाई हुई साधना का आश्रय लेकर ''अनुत्तर योगक्षेम निर्वाण'' को प्राप्त करे।

किन्तु परवर्ती काल में, बौद्धमत के अनेक आचार्यो ने, विकट वितण्डावाद करके, कई प्रकार की तत्त्वमीमांसाओं का व्यूह रच डाला—सर्वास्तिवाद, विज्ञानवाद, शून्यवाद इत्यादि। उन तत्त्वमीमांसाओं को लेकर बौद्धमत के विभिन्न निकायों में परस्पर विवाद होता रहा। और सनातन धर्म के अन्यान्य सम्प्रदायों के साथ भी बौद्धमत के विभिन्न निकायों का विवाद एक दीर्घकाल तक चला। उस समस्त विवाद की उपमा तत्त्वशास्त्र के इतिहास में अन्यत्र दुर्लभ है।

बौद्धमत के विषय में अनेकानेक ग्रन्थों की रचना करने वाले आधुनिक पण्डितों ने एक अन्य विकृति का आविष्कार किया है। वे लोग भगवान् बुद्ध की अध्यात्म-साधना तथा उनके अलौकिक अध्यात्म-साक्षात्कार को सर्वथा गौण मानकर उन्हें एक साधारण समाज-सुधारक में परिणत किए जा रहे हैं। अथवा वे परवर्ती काल के बौद्ध शिल्प को ही बौद्धमत का सर्वस्व मान बैठे हैं।

इस अवस्था में यह नितान्त आवश्यक है कि मूल बुद्धवचन का ही अधिकाधिक आश्रय लिया जाए। तथागत के सिंहनाद का श्रवण करते ही वितण्डावाद द्वारा उद्भूत समस्त विकृतियाँ अपने-आप लुप्त हो जाएँगी। और लुप्त हो जाएगा वह मिथ्याप्रचार जो भगवान् बुद्ध को भारतवर्ष के वेद-विहित सनातन धर्म के विरुद्ध विद्रोही के रूप में प्रस्तुत कर रहा है।

भगवान् बुद्ध अपनी साधना को ''ब्रह्मचर्यवास'' कहते थे। सम्बोधि प्राप्त कर लेने पर उन्होंने अपने-आप को ''ब्रह्मभूत'' बतलाया। अपने द्वारा प्रदर्शित मध्यम-मार्ग को उन्होंने ''ब्रह्मयान'' की संज्ञा दी। सनातन धर्म में भगवान् बुद्ध

को विष्णु का नवम अवतार मानकर पूज्य ठहराया गया है। सनातन धर्म के मूल मर्म से अवगत होकर कोई भी व्यक्ति भगवान् बुद्ध को विद्रोही नहीं मान सकता।

सनातन धर्म के महामहिम मन्दिर में अनेक महात्माओं के चरितामृत का प्रसाद प्राप्य है—ऋषि, मुनि, यति, योगी, तीर्थङ्कर, तथागत, तापस, सिद्ध, जिन, अर्हत्, आचार्य, आलवार, सन्त, भक्त, गुरु इत्यादि। किन्तु उस मन्दिर का गर्भगृह एक है, और उसमें प्रतिष्ठित परमाराध्य की परमोपलब्धि का प्रकृत परिचय एक।

सनातन धर्म के विराट वृक्ष पर अनेक धर्मग्रन्थों के पुष्प प्रस्फुटित होते रहे हैं—वेद-वेदाङ्ग, इतिहास-पुराण, सूत्र-स्मृति, अङ्ग-उपाङ्ग, त्रिपिटक, तन्त्र, आगम, अभंग, पदावलि, गुरुग्रन्थ, सन्तवाणी इत्यादि। किन्तु उस वृक्ष का मूल एक है, और उस पर पकने वाले प्रत्येक फल का अलौकिक आस्वाद एक।

सनातन धर्म की शाश्वत स्रोतस्विनी अनेक सम्प्रदायों की शाखा-प्रशाखाओं में विभक्त होकर प्रवाहित होती आई है—ब्राह्मण, जैन, बौद्ध, शैव, वैष्णव, शाक्त, सौर्य, गाणपत्य, सहजिया, सिक्ख इत्यादि। किन्तु उस स्रोतस्विनी का उद्गमस्थल एक है, और उसका गन्तव्यस्थान एक।

सनातन धर्म के अपरिसीम महासागर में अनेक तत्त्वमीमांसाओं की तरणियाँ तरङ्गायित हैं—ब्रह्मवाद, मध्यम-मार्ग, मीमांसा, वेदान्त, वैशेषिक, सांख्य, स्याद्वाद, शून्यवाद, विज्ञानवाद, निर्गुण, सगुण इत्यादि। किन्तु उस महासागर का जलप्रसार एक है, और उसके उस पार वाला तीर्थ एक।

सनातन धर्म के हिमाचल पर आरोहण करने के लिए अनेक साधना-पद्धतियों के प्रशस्त पथ अपावृत हैं—यज्ञ, योग, ज्ञान, ध्यान, संवर, सम्बोधि, त्याग, तपस्या, भक्ति, भैरवीचक्र इत्यादि। किन्तु उस हिमाचल का मेरुदण्ड एक है, और उसका अभ्रभेदी हिमशिखर एक।

सनातन धर्म के इस अनन्त अनैक्य में जिस आधारभूत ऐक्य का अनुशासन अविच्छिन्न मिलता है, वह है अध्यात्म-तत्त्व की अद्वितीय आराधना। सनातन धर्म ने सदा ही अध्यात्म-साक्षात्कार को अपनी प्रधान उपलब्धि तथा तत्त्वमीमांसा, धर्मग्रन्थ, सम्प्रदाय और उपासना-पद्धति को गौण साधन माना है। उपनिषद् का सार समझी जाने वाली श्रीमद् भगवद्गीता का प्रमाण है:

यावानर्थ उदपाने सर्वतः संप्लुतोदके।
तावान्सर्वेषु वेदेषु ब्राह्मणस्य विजानतः॥

अर्थात् जिस ज्ञानवान् साधक ने परमतत्त्व का साक्षात्कार कर लिया, उसके लिए सारे वेदों का इतना ही प्रयोजन रह जाता है जितना कि सर्वत्र जलप्लावन फैल जाने पर क्षुद्र जलकूप का। तभी तो काशी के वितण्डावादी पण्डित को सन्त कबीर ने फटकार दिया था :

तू कहता कागद की लेखी।
मैं कहता हूँ आँखिन देखी॥

यह सत्य है कि किसी साधक को एक सिद्ध का चरितामृत तथा वचनामृत अधिक अनुकूल प्रतीत होता है, किसी साधक को किसी अन्य सिद्ध का। किन्तु इसी कारण किसी भी सिद्ध का चरितामृत अथवा वचनामृत अणुमात्र भी हेय नहीं हो जाता। अपने-अपने आधार के लिए प्रत्येक सिद्ध का चरितामृत प्रमाण है। अपने-अपने अधिकारी के लिए प्रत्येक सिद्ध का वचनामृत वेद है। परमहंस श्री रामकृष्ण के शब्दों में ''**जोतो मोत तोतो पोथ**'', अर्थात् जितने प्रकार के तात्त्विक मत हैं, उतने ही प्रकार के साधना-पथ हैं।

इसीलिए सनातन धर्म ने अपनी अपरिमेय अध्यात्म-आराधना को परमतत्त्व के किसी एक रूप अथवा एक गुण अथवा एक नाम में कभी परिसीमित नहीं किया। सनातन धर्म का मूलमन्त्र है ''एकं सद् विप्राः बहुधा वदन्ति'', अर्थात् सत्य एक है, ज्ञानवान् लोग उसका वर्णन विविध प्रकार से करते हैं। अथवा गोस्वामी तुलसीदास के शब्दों में, ''हरि अनन्त हरि-कथा अनन्ता''। सनातन धर्म के अनुसार वह परमतत्त्व साकार तथा सगुण भी है, निराकार तथा निर्गुण भी। और साकार-सगुण तथा निराकार-निर्गुण के परे भी। केवल उसका साक्षात्कार ही तत्त्वमीमांसा के समस्त विरोधाभासों को दूर करने में सक्षम है।

इसीलिए सनातन धर्म ने अपने अजस्र अध्यात्म-साक्षात्कार को कभी किसी एक धर्मगुरु, अथवा एक धर्मग्रन्थ, अथवा एक तत्त्वमीमांसा, अथवा एक उपासना-पद्धति की असहिष्णु परम्परा में कारावरुद्ध नहीं किया। सनातन धर्म का महिमामय मस्तक अनेकानेक धर्मगुरुओं के सिद्धिगौरव से गर्वोन्नत है। सनातन धर्म की विमल वाणी अनेकानेक धर्मग्रन्थों की ध्रुव धारणाओं में व्यक्त है। सनातन धर्म की बृहद् दृष्टि अनेकानेक तत्त्वमीमांसाओं द्वारा दीक्षित है।

सनातन धर्म की मर्मवेधी मनीषा अनेकानेक उपासना-पद्धतियों में ऊर्ध्वोन्मुखी है।

और सनातन धर्म के परिवार में केवल अनादि अतीतकाल के ही सारे धर्मगुरु तथा धर्मग्रन्थ परिभुक्त नहीं। अनन्त अनागत के समस्त धर्मगुरु तथा धर्मग्रन्थ भी सनातन धर्म की सीमाविहीन सहिष्णुता में समागम करेंगे।

अतएव वितण्डावादी विद्वानों की यह दुष्चेष्टा कि भगवान् बुद्ध को सनातन धर्म की अखण्ड परम्परा से अलग कर दिया जाए, अन्ततः असफल रहेगी। उन विद्धानों के वाद-प्रतिवाद का प्रत्युत्तर देना इतना प्रयोजनीय नहीं, जितना कि भगवान् बुद्ध के चरितामृत तथा वचनामृत का श्रवण, पठन एवं मनन करना। यह पुस्तक उसी दिशा में एक अल्प प्रयास है।

:२:

इस पुस्तक में चार परिच्छेद हैं। तीन का संकलन त्रिपिटक के विविध सूक्तों से किया गया है:

१. साधना एवं सिद्धि

२. धर्मचक्र-प्रवर्तन

३. श्रमण तथा ब्राह्मण।

चौथे परिच्छेद में श्री रामस्वरूप का एक तुलनात्मक लेख उद्धृत किया गया है। मूल लेख अंग्रेजी भाषा में है। उस का हिन्दी अनुवाद मैंने किया है। यह लेख आधुनिक वितण्डावाद की कतिपय प्रवृत्तियों का खण्डन करके भगवान् बुद्ध को सनातन धर्म की वैदिक परम्परा में प्रतिष्ठित करता है। प्रस्तुत संकलन इसी लेख के आधार पर हुआ है।

संकलन में त्रिपिटक के जिन सूक्तों का आश्रय लिया गया है उनको आद्योपान्त उद्धृत न करके, उनके विशिष्ट अंश ही, प्रसंगानुसार, उद्धृत किये गए हैं। केवल इतना ध्यान रक्खा गया है कि भगवान् के चरित् अथवा वचन का प्रवाह, हमारी व्याख्या-विशेष के वृत्त में अव्याहत रहे।

बुद्धवचन के जिन हिन्दी अनुवादों का हमने इस संकलन में अवलम्बन लिया है, उनके लिए हम महाबोधि सभा, सारनाथ, के आभारी हैं। अनुवादों की भाषा में हमने यत्र-तत्र कुछ परिवर्तन अवश्य किया है, किन्तु केवल अर्थ को

स्पष्टतर करने की दृष्टि से, अथवा कतिपय प्रादेशिक भाषा-प्रयोगों को सार्वदेशिक हिन्दी में प्रस्तुत करने के उद्देश्य से। अन्यथा अनुवादों की भाषा का व्यवहार यथातथ हुआ है।

मूल पालि-वाङ्मय में बुद्धवचन की भाषा, वेद की भाषा के समरूप ही, स्थाणु एवं अचल है। एक ही शिक्षापद की पुनरावृति जहाँ-जहाँ और जितनी बार हुई है, वहाँ-वहाँ और उतनी ही बार उन्हीं शब्दों का प्रयोग उसी प्रकार के वाक्य-विन्यास द्वारा किया गया है। किन्तु महाबोधि सभा के अनुवादकों ने साधारणतया मूलवचन की अचलता को अनुवाद में अविकृत नहीं रक्खा। एक ही अनुवादक ने, एक ही ग्रन्थ में, एक ही शब्द का अनुवाद कहीं कुछ किया है और कहीं कुछ। वाक्य-विन्यास भी बारम्बार बदल दिया है। इस कारण इन अनुवादों में एक प्रकार की अस्थिरता का समावेश हो गया है।

भगवान् बुद्ध अपने युग में व्यवहृत तत्त्वशास्त्र की भाषा के अनुपम मर्मज्ञ थे। अतएव उनके वचन में तत्त्वशास्त्र के अनेकानेक लाक्षणिक शब्दों का बहुल प्रयोग मिलता है। महाबोधि सभा के अनुवादक यदि उन शब्दों को तत्सम रख कर उनका अर्थ टिप्पणी द्वारा स्पष्ट कर देते तो अनुवाद अधिक सम्यक् एवं उपादेय होते। किन्तु अनुवादकों ने अनुवाद की भाषा को अत्यन्त सरल बनाने के प्रयास में बहुत बार ऐसे हिन्दी शब्दों का प्रयोग किया है कि जिनके मूल पालि अथवा संस्कृत रूप का ज्ञान हुए बिना उनके अर्थ ही स्पष्ट नहीं होते।

अनुवादकों की इस असावधानता का कारण सम्भवत: वह असाधारण त्वरा रही हो जिसके लिए अनुवादक अपने-आप को बधाई देते हैं। मज्झिम-निकाय जैसे विपुलकाय एवं गूढ़ ग्रन्थ के अनुवादक लिखते हैं: "यह सारा ग्रन्थ ३८ दिनों में अनुवादित हुआ।" यह असाधारण त्वरा अनुवादक के प्रखर पाण्डित्य की परिचायक भले ही हो, विवेक की परिचायक नहीं मानी जा सकती। धर्मग्रन्थ के अनुवाद के विषय में ऐसी त्वरा का व्यवहार नहीं होना चाहिए।

फिर भी यह मानने में किसी को आपत्ति नहीं हो सकती कि महाबोधि सभा ने ये अनुवाद प्रस्तुत करके सनातन् धर्म की महान् सेवा की है। केवल इन अनुवादों के साथ-साथ किया गया अपप्रचार ही खटकता है। यह अपप्रचार कहीं-कहीं तो मूर्खता की सीमा को भी पार कर गया है। उदाहरणार्थ, मज्झिम-निकाय के विद्वान अनुवादक, श्री राहुल सांकृत्यायन, अपनी भूमिका में लिखते

हैं:

बुद्ध के उपदेशों को समझने में सहायता मिलेगी, यदि पाठक बुद्ध के इन मूल चार सिद्धान्तों—तीन अस्वीकारात्मक और एक स्वीकारात्मक—को पहले जान लें। वे चार सिद्धान्त ये हैं—

१. ईश्वर को नहीं मानना; अन्यथा 'मनुष्य स्वयं अपना मालिक है'— इस सिद्धान्त का विरोध होगा।
२. आत्मा को नित्य नहीं मानना, अन्यथा नित्य एकरस मानने पर उसकी परिशुद्धि और मुक्ति के लिए गुन्जाइश नहीं रहेगी।
३. किसी ग्रन्थ को स्वत:प्रमाण नहीं मानना; अन्यथा बुद्धि और अनुभव की प्रामाणिकता जाती रहेगी।
४. जीव-प्रवाह को इस शरीर तक परिमित न मानना; अन्यथा जीवन और उसकी विचित्रताएँ कार्यकारण नियम से उत्पन्न न होकर सिर्फ आकस्मिक घटनाएँ रह जायेंगी।......

बुद्ध की शिक्षा और दर्शन इन चार सिद्धान्तों पर अवलम्बित हैं। पहले तीन सिद्धान्त बौद्धधर्म को दुनिया के दूसरे धर्मों से पृथक् करते हैं। **'ये तीनों सिद्धान्त बुद्ध-धर्म और जड़वाद में समान हैं'** किन्तु चौथी बात अर्थात् जीवनप्रवाह को इस शरीर तक सीमित न मानना इसे जड़वाद से पृथक करता है, और साथ ही व्यक्ति के लिए भविष्य को आशामय बनाने का सुन्दर उपाय है, जिसके बिना किसी आदर्शवाद का कार्यरूप में परिणित होना दुष्कर है।

राहुलजी से यह पूछा जा सकता है कि क्या इन्हीं शिशु-सुलभ सिद्धान्तों को सीखने के लिए सिद्धार्थ गौतम ने राजप्रासाद का त्याग किया था और छ: वर्ष तक दुष्कर तपश्चर्या की थी? क्या इन्हीं सिद्धान्तों का प्रचार करने के लिए भगवान् बुद्ध ने पैंतालीस वर्ष तक आर्यावर्त के मध्यमण्डल का ओर-छोर छाना था? और क्या इन्हीं सिद्धान्तों को सीखकर भगवान् अपने-आपको सम्यक् सम्बुद्ध कहते थे? तब तो मूर्ख-से-मूर्ख मनुष्य भी अपने-आप को बुद्ध कह सकता हैं। राहुलजी तो अवश्य अपने-आप को सम्यक् सम्बुद्ध मान सकते हैं। **और** सो भी बिना किसी प्रकार की साधना का कष्ट उठाए! केवल बुद्धवचन

का अनुवाद करके!! वे परम सौभाग्यवान् हैं।

एक अन्य बात की ओर पाठकों का ध्यान आकर्षित करना आवश्यक है। संसार की समस्त आर्ष श्रुतियों के समान ही, बुद्धवचन में भी पुनरावृति का प्राचुर्य प्राप्त होता है। प्रथम अवलोकन पर यह पुनरावृति किसी-किसी पाठक को अप्रयोजनीय अथवा अरुचिकर भी प्रतीत हो सकती है। किन्तु ध्यान देने पर इसकी उपादेयता स्पष्ट हो जाएगी। श्रुति-साहित्य मनोरञ्जन की नहीं, मनन की सामग्री प्रस्तुत करता है। और पुनरावृति मनन की क्रिया में अत्यन्त सहायक होती है। पाठक स्वयं यह अनुभव करेंगे कि पुनरावृति के प्रताप से ही किसी भी सूक्त का सन्देश, सूक्त के अन्त तक पहुँचते-पहुँचते, हृदयङ्गम होने लगता है।

यह संकलन प्रस्तुत करने की प्रथम प्रेरणा मैंने श्री रामस्वरूप का उपरोक्त लेख पढ़ कर पाई थी। त्रिपिटक के कई ग्रन्थों का बार-बार पारायण करके मैं कृतार्थ हो गया। यदि इस संकलन के कारण पाठकों को भी मूल बुद्धवचन का अध्ययन एवं मनन करने की प्रेरणा मिली तो यह प्रयास भी सफल समझा जाएगा।

मकर संक्रान्ति, **—सीताराम गोयल**

सम्वत २०१७

प्रथम परिच्छेद

साधना एवं सिद्धि

...तब[१] भगवान् वहाँ गए जहाँ रम्यक ब्राह्मण का आश्रम था। उस समय बहुत से भिक्षु धर्मकथा कहते हुए रम्यक ब्राह्मण के आश्रम में बैठे थे।... भगवान् रम्यक ब्राह्मण के आश्रम में प्रविष्ट होकर बिछे हुए आसन पर बैठ गए। बैठकर भगवान् ने भिक्षुओं को सम्बोधित किया: ''भिक्षुओ! तुम लोग किस कथा को लेकर बैठे थे? तुम लोगों के बीच क्या कथा उठी थी?''

''भन्ते! हम लोग भगवान् के सम्बन्ध में ही धर्मकथा लेकर बैठे थे। हम लोगों के बीच भगवान् के सम्बन्ध में ही कथा उठी थी। इतने में भगवान् पहुँच गए।''

''साधु, भिक्षुओ! श्रद्धापूर्वक घर से बेघर होकर प्रव्रजित होने वाले तुम कुलपुत्रों के लिए यही उचित है, भिक्षुओ! कि तुम धर्मकथा में बैठो। भिक्षुओ! एकत्रित होने पर तुम लोगों के लिए दो ही कर्तव्य हैं—धर्मकथा अथवा आर्य मौनभाव।

''भिक्षुओ! दो प्रकार की पर्येषणा (=खोज) होती है—आर्य पर्येषणा तथा अनार्य पर्येषणा।

''भिक्षुओ! अनार्य पर्येषणा क्या है?

''भिक्षुओ! कोई (मनुष्य) स्वयं जाति-धर्मा (=बारम्बार जन्म लेने वाला) होते हुए, जाति-धर्मा की ही पर्येषणा करता है; स्वयं जरा-धर्मा (=बारम्बार वृद्ध होने वाला) होते हुए, जरा-धर्मा की ही पर्येषणा करता है; स्वयं व्याधि-धर्मा (=बारम्बार रुग्ण होने वाला) होते हुए, व्याधि-धर्मा की ही पर्येषणा करता है; स्वयं मरण-धर्मा (=बारम्बार मरने वाला) होते हुए, मरण-धर्मा की ही पर्येषणा करता है; स्वयं शोक-धर्मा (=बारम्बार शोक को प्राप्त होने वाला) होते हुए, शोक-धर्मा की ही पर्येषणा करता है; स्वयं संक्लेश-धर्मा (=क्लिष्ट-चित्त) होते हुए, संक्लेश-धर्मा की ही पर्येषणा करता है।...

''भिक्षुओ! आर्य पर्येषणा क्या है?

---

१. पासारसि-सुत्तन्त, मज्झिम-निकाय, सुत्त-पिटक।

''भिक्षुओ! कोई (मनुष्य) स्वयं जाति-धर्मा होते हुए, जाति-धर्मा में दुष्परिणाम देखकर, **अजात,** अनुत्तर योग-क्षेम निर्वाण की पर्येषणा करता है; स्वयं जरा-धर्मा होते हुए, जरा-धर्मा में दुष्परिणाम देखकर, **अजर,** अनुत्तर योग-क्षेम निर्वाण की पर्येषणा करता है; स्वयं व्याधि-धर्मा होते हुए, व्याधि-धर्मा में दुष्परिणाम देखकर, **अव्याधि,** अनुत्तर योग-क्षेम निर्वाण की पर्येषणा करता है; स्वयं मरण-धर्मा होते हुए, मरण-धर्मा में दुष्परिणाम देखकर, **अमृत,** अनुत्तर योग-क्षेम निर्वाण की पर्येषणा करता है; स्वयं शोक-धर्मा होते हुए, शोक-धर्मा में दुष्परिणाम देखकर, **अशोक,** अनुत्तर योग-क्षेम निर्वाण की पर्येषणा करता है; स्वयं संक्लेश-धर्मा होते हुए, संक्लेश-धर्मा में दुष्परिणाम देखकर, **असंक्लिष्ट,** अनुत्तर योग-क्षेम निर्वाण की पर्येषणा करता है। भिक्षुओ! यह है आर्य पर्येषणा।

''मैं भी भिक्षुओ! सम्बोधि से पूर्व, असम्बुद्ध बोधिसत्व रहते समय, स्वयं जाति-धर्मा होते हुए, जाति-धर्मा की ही पर्येषणा करता था; स्वयं जरा-धर्मा होते हुए, जरा-धर्मा की ही पर्येषणा करता था; स्वयं व्याधि-धर्मा होते हुए व्याधि-धर्मा की ही पर्येषणा करता था; स्वयं मरण-धर्मा होते हुए, मरण-धर्मा की ही पर्येषणा करता था; स्वयं शोक-धर्मा होते हुए, शोक-धर्मा की ही पर्येषणा करता था; स्वयं संक्लेश-धर्मा होते हुए, संक्लेश-धर्मा की ही पर्येषणा करता था।

''तब, भिक्षुओ! मुझे ऐसा हुआ—क्या मैं स्वयं जाति-धर्मा होते हुए, जाति-धर्मा की ही पर्येषणा करता हूँ? क्या मैं स्वयं जरा-धर्मा होते हुए, जरा-धर्मा की ही पर्येषणा करता हूँ? क्या मैं स्वयं व्याधि-धर्मा होते हुए, व्याधि-धर्मा की ही पर्येषणा करता हूँ? क्या मैं स्वयं मरण-धर्मा होते हुए, मरण-धर्मा की ही पर्येषणा करता हूँ; क्या मैं स्वयं शोक-धर्मा होते हुए, शोक-धर्मा की ही पर्येषणा करता हूँ? क्या मैं स्वयं संक्लेश-धर्मा हाते हुए, संक्लेश-धर्मा की ही पर्येषणा करता हूँ? क्यों न मैं स्वयं जाति-धर्मा होते हुए, जाति-धर्मा में दुष्परिणाम देखकर, अजात, अनुत्तर योग-क्षेम निर्वाण की पर्येषणा करूँ? क्यों न मैं स्वयं जरा-धर्मा होते हुए, जरा-धर्मा में दुष्परिणाम देखकर, अजर, अनुत्तर योग-क्षेम निर्वाण की पर्येषणा करूँ? क्यों न मैं स्वयं व्याधि-धर्मा होते हुए, व्याधि-धर्मा में दुष्परिणाम देखकर, अ-व्याधि, अनुत्तर योग-क्षेम निर्वाण की पर्येषणा करूँ?

क्यों न मैं स्वयं मरण-धर्मा होते हुए, मरण-धर्मा में दुष्परिणाम देखकर, अमृत, अनुत्तर योग-क्षेम निर्वाण की पर्येषणा करूँ? क्यों न मैं स्वयं शोक-धर्मा होते हुए, शोक-धर्मा में दुष्परिणाम देखकर, अशोक, अनुत्तर योग-क्षेम निर्वाण की पर्येषणा करूँ? क्यों न मैं स्वयं संक्लेश-धर्मा होते हुए, संक्लेश-धर्मा में दुष्परिणाम देखकर, असंक्लिष्ट, अनुत्तर योग-क्षेम निर्वाण की पर्येषणा करूँ?

"तब, भिक्षुओ! अन्य समय में अत्यन्त काले केशोंवाला, सुन्दर यौवन से युक्त मैं, प्रथम वयस् में, अनिच्छुक माता-पिता के अश्रुमुख रोते हुए, केश-श्मश्रु मुण्डवा, काषाय-वस्त्र पहिन, घर से बेघर बनकर प्रव्रजित हुआ। सो इस प्रकार प्रव्रजित होकर, किम्-कुशल (=श्रेयस् क्या है) की गवेषणा करता हुआ, अनुत्तर शान्ति के श्रेष्ठ पद की पर्येषणा करता हुआ, वहाँ पहुँचा जहाँ **आलार कालाम** रहता था। पहुँचकर मैं आलार कालाम से यह बोला: 'आवुस कालाम! (तुम्हारे) इस धर्मविनय (=साधना-मार्ग) में ब्रह्मचर्य-वास करना चाहता हूँ।'

"ऐसा कहने पर, भिक्षुओ! आलार कालाम ने मुझसे यह कहा: 'विहार करो, आवुस! यह ऐसा धर्मविनय है (कि जिसमें) विज्ञ पुरुष अचिर में अपने आचार्यक (=आचार्य की सिद्धि) को स्वयं जानकर, देखकर, पाकर विहार करेगा।'

"सौ मैंने भिक्षुओ! अचिर में ही, अतिशीघ्र उस धर्म को समझ लिया। सो मैं भिक्षुओ! इतने मात्र से, अधरस्थ मात्र से, कहने-कहाने मात्र से ज्ञानवाद बघारता था। मैं स्थविर-वाद (=सनातन धर्म) को जानता हूँ, देखता हूँ—मैं (ऐसा) दावा करता था, और दूसरे (दावे) भी।[२]

"तब, भिक्षुओ! मुझे ऐसा हुआ: 'आलार कालाम यह नहीं जतलाता—मैं स्वयं इस धर्म को श्रद्धामात्र से जानकर, देखकर, पाकर, विहार करता हूँ। अवश्य ही आलार कालाम इस धर्म को (तत्त्वत:) जानकर, देखकर विहार करता है।'

"तब मैंने, भिक्षुओ! जहाँ आलार कालाम था, वहाँ आलार कालाम के पास

---

२. अध्यात्म का सार है साधना करके सत्य का साक्षात्कार करना। वह साक्षात्कार बुद्धि द्वारा सम्भव नहीं। अतएव जो मनुष्य अध्यात्म के सिद्धान्त मात्र को बुद्धि से समझकर मान बैठता है कि उसे सत्य का साक्षात्कार हो गया, वह भ्रान्त है। भोजन के बनाने और खाने से तृप्ति होती है। भोजन के बनाने तथा खाने के विषय में सिद्धान्त जानने वाला तो अतृप्त ही रहता है।

जाकर यह कहा: 'आवुस कालाम! तुम इस धर्म को कहाँ तक स्वयं जानकर, देखकर, पाकर बतलाते हो?'

"ऐसा कहने पर, भिक्षुओ! आलार कालाम ने आकिञ्चन्य-आयतन[३] बतलाया। तब, भिक्षुओ! मुझे ऐसा हुआ: 'आलार कालाम के पास ही श्रद्धा नहीं है, मेरे पास भी श्रद्धा है। आलार कालाम के पास ही वीर्य नहीं है, मेरे पास भी वीर्य है। आलार कालाम के पास ही स्मृति नहीं है, मेरे पास भी स्मृति है। आलार कालाम के पास ही समाधि नहीं है, मेरे पास भी समाधि है। आलार-कालाम के पास ही प्रज्ञा नहीं है, मेरे पास भी प्रज्ञा है।[४] क्यों न मैं उस धर्म को देखने का प्रयत्न करूँ जिसके (विषय में) आलार कालाम कहता है— मैं स्वयं जानकर, देखकर, पाकर विहार करता हूँ?'

"तब, भिक्षुओ! मैं अचिर में ही, अतिशीघ्र उस धर्म को स्वयं जानकर, देखकर, पाकर विहार करने लगा। तब मैं, भिक्षुओ! जहाँ आलार कालाम था वहाँ आलार कालाम के पास जाकर यह बोला: 'आवुस कालाम! क्या (तुम) इस धर्म को यहीं तक जानकर, देखकर, पाकर बतलाते हो?'

'आवुस! मैं इस धर्म को यहीं तक जानकर, देखकर, पाकर बतलाता हूँ।'

'मैं भी आवुस! इस धर्म को यहाँ तक जानकर, देखकर, पाकर विहार करता हूँ।'

'लाभ है हमें, आवुस! सुन्दर लाभ है हमें, आवुस! जो हम तुम जैसे सब्रह्मचारी को देखते हैं। इस प्रकार जिस धर्म को मैं स्वयं जानकर, देखकर, पाकर बतलाता हूँ, उस धर्म को तुम स्वयं जानकर, देखकर, पाकर विहार करते हो। जिस धर्म को तुम स्वयं जानकर, देखकर, पाकर विहार करते हो, उस धर्म को मैं स्वयं जानकर, देखक़र, पाकर बतलाता हूँ। जिस धर्म को मैं जानता हूँ, उस धर्म को तुम जानते हो। जिस धर्म को तुम जानते हो, उस धर्म को मैं जानता

---

३. साधना के द्वारा समाहित और ऊर्ध्वगामी चेतना अनेक स्तरों पर स्थित होती है। आकिञ्चन्य-आयतन चेतना की एक स्थिति का नाम है। पिण्ड में चेतना की जो स्थितियाँ होती हैं, ब्रह्माण्ड में उन्हीं के समानान्तर लोक होते हैं। अतएव आकिञ्चन्य-आयतन एक लोक भी है, जहाँ अपनी चेतना को उस स्थिति तक उठाने वाले साधक मर कर जन्म लेते हैं।

४. श्रद्धा, वीर्य, स्मृति, समाधि, प्रज्ञा—इनको सिद्ध किए बिना साधक परमार्थ की प्राप्ति के लिए साधना करने योग्य नहीं बनता।

हूँ। इस प्रकार जैसे तुम, वैसा मैं। जैसा मैं, वैसे तुम। अब आओ, आवुस! हम दोनों इस गण (= शिष्यमण्डल) को धारण करें।'

"इस प्रकार, भिक्षुओ! आलार कालाम ने आचार्य होते हुए भी, मुझ शिष्य को समान-पद पर प्रतिष्ठित किया, महान् सन्मान से सन्मानित किया। तब, भिक्षुओ! मुझे ऐसा हुआ: 'यह धर्म न निर्वेद के लिए है, न विराग के लिए, न निरोध के लिए, न उपशम के लिए, न अभिज्ञा के लिए, न सम्बोधि के लिए, न निर्वाण के लिए।[५] (यह) केवल आकिञ्चन्य-आयतन में उत्पन्न होने के लिए है।' तब मैं, भिक्षुओ! उस धर्म को अपर्याप्त (समझ) कर, उस धर्म से विरक्त होकर चल दिया।

"सो मैं, भिक्षुओ! किम्-कुशल की गवेषणा करता हुआ, अनुत्तर शान्ति के श्रेष्ठ पद को खोजता हुआ, वहाँ गया, जहाँ **उद्दक रामपुत्त** था। जाकर उद्दक रामपुत्त से बोला: 'आवुस राम! (तुम्हारे) इस धर्मविनय में ब्रह्मचर्य-वास करना चाहता हूँ।'

"ऐसा कहने पर, भिक्षुओ! उद्दक रामपुत्त ने मुझ से यह कहा: 'विहार करो, आवुस! यह ऐसा धर्मविनय है जिसमें विज्ञ पुरुष अचिर में ही अपने आचार्यक को स्वयं जानकर, देखकर, पाकर विहार करेगा।'

"सो मैंने, भिक्षुओ! अचिर में ही, अतिशीघ्र उस धर्म को समझ लिया। सो मैं, भिक्षुओ! उतने मात्र से, अधरस्थ मात्र से, कहने-कहाने मात्र से ज्ञानवाद बघारता था। 'मैं स्थविर-वाद को जानता हूँ, देखता हूँ'—मैं (ऐसा) दावा करता था, और दूसरे (दावे) भी।

"तब भिक्षुओ! मुझे ऐसा हुआ: 'उद्दक रामपुत्त यह नहीं जतलाता—मैं स्वयं इस धर्म को श्रद्धामात्र से जानकर, देखकर, पाकर विहार करता हूँ। अवश्य ही उद्दक रामपुत्त इस धर्म को (तत्वत:) जानकर, देखकर विहार करता है।'

"तब मैंने, भिक्षुओ! जहाँ उद्दक रामपुत्त था वहाँ उद्दक रामपुत्त के पास जाकर यह कहा: 'आवुस राम! तुम इस धर्म को कहाँ तक स्वयं जानकर,

५. निर्वेद, विराग, निरोध, उपशम, अभिज्ञा, सम्बोधि, निर्वाण—साधक की चेतना में इन सात अनुभूतियों का आविर्भाव परमोपलब्धि का लक्षण है।

देखकर, पाकर बतलाते हो?'

"ऐसा कहने पर, भिक्षुओ! उद्दक रामपुत्त ने नैव-संज्ञा-न-असंज्ञा आयतन[६] बतलाया। तब, भिक्षुओ! मुझे ऐसा हुआ: 'उद्दक रामपुत्त के पास ही श्रद्धा नहीं है, मेरे पास भी श्रद्धा है। उद्दक रामपुत्त के पास ही वीर्य नहीं है, मेरे पास भी वीर्य है। उद्दक रामपुत्त के पास ही स्मृति नहीं है, मेरे पास भी स्मृति है। उद्दक रामपुत्त के पास ही समाधि नहीं है, मेरे पास भी समाधि है, उद्दक रामपुत्त के पास ही प्रज्ञा नहीं है, मेरे पास भी प्रज्ञा हैं। क्यों न मैं उस धर्म को देखने का प्रयत्न करूँ जिसके (विषय में) उद्दक रामपुत्त कहता है—मैं स्वयं जानकर, देखकर, पाकर विहार करता हूँ?'

"तब, भिक्षुओ! मैं अचिर में ही, अतिशीघ्र उस धर्म को स्वयं जानकर, देखकर, पाकर विहार करने लगा। तब मैं, भिक्षुओ! जहाँ उद्दक रामपुत्त था, वहाँ उद्दक रामपुत्त के पास जाकर यह बोला: 'आवुस राम! क्या (तुम) इस धर्म को यहीं तक जानकर, देखकर, पाकर बतलाते हो?'

'आवुस! मैं इस धर्म को यहीं तक जानकर, देखकर, पाकर बतलाता हूँ।'

'मैं भी, आवुस! इस धर्म को यहीं तक जानकर, देखकर, पाकर विहार करता हूँ।'

'लाभ है हमें, आवुस! सुन्दर लाभ है हमें, आवुस! जो हम तुम जैसे सब्रह्मचारी को देखते हैं। इस प्रकार जिस धर्म को मैं स्वयं जानकर, देखकर, पाकर बतलाता हूँ, उस धर्म को तुम स्वयं जानकर, देखकर, पाकर विहार करते हो। जिस धर्म को तुम स्वयं जानकर, देखकर, पाकर विहार करते हो, उस धर्म को मैं स्वयं जानकर, देखकर, पाकर बतलाता हूँ। जिस धर्म को मैं जानता हूँ, उस धर्म को तुम जानते हो। जिस धर्म को तुम जानते हो, उस धर्म को मैं जानता हूँ। इस प्रकार जैसा राम है वैसे ही तुम हो, जैसे तुम हो वैसा ही राम है। अब आओ, आवुस! हम दोनों इस गण को धारण करें।'

"इस प्रकार, भिक्षुओ! सब्रह्मचारी होते हुए भी उद्दक रामपुत्त ने मुझको आचार्य के पद पर प्रतिष्ठित किया, महान् सन्मान से सन्मानित किया। तब

---

६. आकिञ्चन्य-आयतन के समान नैव-संज्ञा-न-असंज्ञा-आयतन भी ऊर्ध्वगामी चेतना की एक स्थिति तथा ब्रह्माण्ड के एक लोक का नाम है।

भिक्षुओ! मुझे ऐसा हुआ: 'यह धर्म न निर्वेद के लिए है, न विराग के लिए, न निरोध के लिए, न उपशम के लिए, न अभिज्ञा के लिए, न सम्बोधि के लिए, न निर्वाण के लिए। केवल नैव-संज्ञा-न-असंज्ञा-आयतन में उत्पन्न होने के लिए है।' तब, भिक्षुओ! मैं उस धर्म को अपर्याप्त (समझ) कर उस धर्म से विरक्त होकर चल दिया...

: २ :

..."मुझे तीन अद्‌भुत, अश्रुतपूर्व उपमाएँ प्रतिभासित हुईं।[७]

"जैसे स्नेहयुक्त, गीले काष्ठ को जल में डाला जाए। 'अग्नि प्रज्वलित करूँगा, तेज प्रादुर्भत करूँगा'—(यह कहता हुआ) पुरुष उत्तरारणी (आग निकालने की लकड़ी) लेकर आए। तो क्या वह पुरुष जल में पड़े स्नेहयुक्त, गीले काष्ठ को उत्तरारणी लेकर, मन्थन करके अग्नि प्रज्वलित कर सकेगा, तेज प्रादुर्भूत कर सकेगा?"

"नहीं, भन्ते!"

"सो किसलिये?"

"भन्ते! वह काष्ठ स्नेहयुक्त, गीला है। फिर वह जल में पड़ा है। 'अग्नि प्रज्वलित करूँगा, तेज प्रादुर्भूत करूँगा'—ऐसा कहने वाला पुरुष केवल थकान और उत्पीड़न का ही भागी होगा।"

"ऐसे ही, राजकुमार! जो श्रमण अथवा ब्राह्मण काया द्वारा काम-वासनाओं में लिप्त होकर विचरते हैं, और उनकी काम-वासनाओं में काम-रुचि, काम-स्नेह, काम-मूर्छा, काम-पिपासा, काम-परिदाह है, वह यदि भीतर से नहीं छूटा है, शान्त नहीं हुआ है, तो वे श्रमण और ब्राह्मण, प्रयत्नशील होने पर भी, दुःख और तीव्र तथा कटु वेदना ही भोग रहे हैं। वह ज्ञान-दर्शन अनुत्तर सम्बोधि के अयोग्य है।

"राजकुमार! यह मुझे प्रथम अद्‌भूत, अश्रुतपूर्व उपमा प्रतिभासित हुई।

"और फिर, राजकुमार! मुझे दूसरी अद्‌भुत, अश्रुतपूर्व उपमा प्रतिभासित हुई। राजकुमार! जैसे स्नेहयुक्त, गीला काष्ठ जल के समीप स्थान पर फेंका

---

७. बोधि-राजकुमार-सुत्तन्त, मज्झिम-निकाय, सुत्त-पिटक।

जाए। 'अग्नि प्रज्वलित करूँगा, तेज प्रादुर्भूत करूँगा'—पुरुष उत्तरारणी लेकर आए। तो क्या समझते हो, राजकुमार! क्या वह पुरुष अग्नि प्रज्वलित कर सकेगा, तेज प्रादुर्भुत कर सकेगा?''

''नहीं, भन्ते!''

''सो किसलिए?''

''भन्ते! वह काष्ठ स्नेहयुक्त है, और जल के समीप स्थल पर पड़ा है। 'अग्नि प्रज्वलित करूँगा, तेज प्रादुर्भूत करूँगा'—ऐसा कहने वाला पुरुष केवल थकान और उत्पीड़न का ही भागी होगा।

''ऐसे ही, राजकुमार! जो श्रमण अथवा ब्राह्मण काया द्वारा काम-वासनाओं में लिप्त होकर विचरते हैं, और उनकी काम-वासनाओं में काम-रुचि, काम-स्नेह, काम-मूर्छा, काम-पिपासा, काम-परिदाह है, वह यदि भीतर से नहीं छूटा है, शान्त नहीं हुआ है, तो वे श्रमण और ब्राह्मण प्रयत्नशील होने पर भी दुःख और तीव्र तथा कटु वेदना ही भोग रहे हैं। वह ज्ञान-दर्शन अनुत्तर सम्बोधि के अयोग्य है।

''राजकुमार! यह मुझे दूसरी अद्भुत, अश्रुतपूर्व उपमा प्रतिभासित हुई।

''और फिर, राजकुमार! मुझे तीसरी अद्भुत, अश्रुतपूर्व उपमा प्रतिभासित हुई। जैसे निःस्नेह, शुष्क काष्ठ जल से दूर स्थल पर पड़ा हो। 'अग्नि प्रज्वलित करूँगा, तेज प्रादुर्भूत करूँगा'—पुरुष उत्तरारणी लेकर आए। तो क्या, राजकुमार! वह पुरुष निःस्नेह, शुष्क तथा जल से दूर स्थल पर पड़े हुए काष्ठ का उत्तरारणी से मन्थन करके अग्नि प्रज्वलित कर सकेगा, तेज प्रादुर्भूत कर सकेगा?''

''हाँ, भन्ते!''

''सो किसलिए?''

''भन्ते! वह काष्ठ निःस्नेह, शुष्क है तथा जल से दूर स्थान पर पड़ा है।''

''ऐसे ही राजकुमार! जो कोई श्रमण अथवा ब्राह्मण काया द्वारा काम-वासनाओं से अलिप्त होकर विचरते हैं, और उनकी जो काम-वासनाओं में काम-रुचि, काम-स्नेह, काम-मूर्छा, काम-पिपासा, काम-परिदाह है, वह भीतर से भलीभाँति छूट गया है, भलीभाँति शान्त हो गया है, वे श्रमण और ब्राह्मण यदि प्रयत्नशील हों (तो) वे भी दुःख और तीव्र तथा कटु वेदना भोगेंगे।

(किन्तु) वह ज्ञान-दर्शन अनुत्तर सम्बोधि के योग्य है।

"राजकुमार! यह मुझे तीसरी अद्‌भुत, अश्रुतपूर्व उपमा प्रतिभासित हुई।

"तब, राजकुमार! मुझे ऐसा हुआ: 'क्यों न मैं दाँतों के ऊपर दाँत रखकर, जिह्वा द्वारा तालु को दबाकर, मन के द्वारा मन को निगृहीत करूँ, दमित करूँ, सन्तापित करूँ।' तब मेरे दाँतों पर दाँत रखने से, जिह्वा द्वारा तालु को दबाने से, मन को मन के द्वारा निगृहीत करने से, दमित करने से, सन्तापित करने से, काँख से पसीना निकलता था। जैसे, राजकुमार! बलवान पुरुष दुर्बल पुरुष को शीश से पकड़कर निगृहीत करे, दमित करे, सन्तापित करे, वैसे ही, राजकुमार! मेरे दाँत पर दाँत रखने से, जिह्वा द्वारा तालु को दबाने से, मन के द्वारा मन को निगृहीत करने, दमित करने, संतापित करने से काँख से पसीना निकलता था। उस समय मैंने अदम्य वीर्य आरम्भ किया हुआ था, (मेरी) अमुषित स्मृति जागृत थी, काया भी तत्पर थी।

"तब मुझे यह हुआ: 'क्यों न मैं श्वास-रहित ध्यान धरूँ।' सो मैंने, राजकुमार! मुख और नासिका से श्वास का आना-जाना रोक दिया। तब, राजकुमार! मेरे मुख तथा नासिका से श्वास का आना-जाना रुक जाने पर, कान के छिद्रों से निकलते हुए वातों का बहुत अधिक शब्द होने लगा। जैसे, राजकुमार! लोहार की धौंकनी से धौंकने पर बहुत अधिक शब्द होता है, वैसे ही, राजकुमार! मेरे मुख तथा नासिका से श्वास का आना-जाना रुक जाने पर, कान के छिद्रों से निकलते हुए वातों का बहुत अधिक शब्द होने लगा। उस समय मैंने अदम्य वीर्य आरम्भ किया हुआ था, (मेरी) अमुषित स्मृति जागृत थी, काया भी तत्पर थी।

"तब मुझे यह हुआ: 'क्यों न मैं श्वास-रहित ध्यान धरूँ?' सो मैंने मुख और नासिका और कान से श्वास का आना-जाना रोक दिया। तब मेरे मुख, नासिका और कान से श्वास का आना-जाना रुक जाने पर मूर्धा में बहुत अधिक वात टकराते थे। जैसे बलवान पुरूष तीक्ष्ण शिखर से मूर्धा का मन्थन करे, वैसे ही, राजकुमार! मेरे मुख, नासिका तथा कान से श्वास का आना-जाना रुक जाने पर, मूर्धा में बहुत अधिक वात टकराते थे।

"तब मुझे यह हुआ: 'क्यों न मैं श्वास-रहित ध्यान धरूँ?' सो मैंने मुख, नासिका तथा कान से श्वास का आना-जाना रोक दिया। तब, मुख, नासिका

तथा कान से श्वास का आना-जाना रुक जाने पर, मुझे बहुत अधिक शीर्ष-वेदना होती थी। उस समय मैंने अदम्य वीर्य आरम्भ किया हुआ था, (मेरी) अमुषित स्मृति जागृत थी, काया भी तत्पर थी।

"तब, राजकुमार! मुझे यह हुआ: 'क्यों न मैं श्वास-रहित ही ध्यान धरूँ?' सो मैंने मुख, नासिका तथा कान से श्वास का आना-जाना रोक दिया। तब मुख, नासिका तथा कान से श्वास का आना-जाना रुक जाने पर बहुत अधिक वात कुक्षि को छेदते थे। जैसे दक्ष गो-घातक या गो-घातक का शिष्य तीक्ष्ण छुरे से कुक्षि को काटे, वैसे ही, राजकुमार! मुख, नासिका तथा कान से श्वास का आना-जाना रुक जाने पर बहुत अधिक वात कुक्षि को छेदते थे। उस समय मैंने अदम्य वीर्य आरम्भ किया हुआ था, (मेरी) अमुषित स्मृति जागृत थी, काया भी तत्पर थी।

'तब मुझे यह हुआ: 'क्यों न मैं श्वास-रहित ध्यान धरूँ?' सो मैंने मुख, नासिका तथा कान से श्वास का आना-जाना रोक दिया।' तब मुख, नासिका तथा कान से श्वास का आना-जाना रुक जाने पर काया में बहुत अधिक दाह होता था। जैसे दो बलवान पुरुष दुर्बलतर पुरुष को अनेक बाहों में पकड़कर अंगारों पर तपावें, चारों ओर घुमावें, वैसे ही मुख, नासिका तथा कान में श्वास का आना-जाना रुक जाने पर काया में बहुत अधिक दाह होता था। उस समय मैंने अदम्य वीर्य आरम्भ किया हुआ था, (मेरी) अमुषित स्मृति जागृत थी, काया भी तत्पर थी।

"देवता भी मुझे कहते थे: 'श्रमण गौतम मर गया।' कोई-कोई देवता यह कहते थे: 'श्रमण गौतम नहीं मरा, न मरेगा। श्रमण गौतम अर्हत् है। अर्हत् का विहार तो इस प्रकार का ही होता है।

"तब, राजकुमार! मुझे यह हुआ: 'क्यों न मैं आहार को सर्वधा त्याग देना स्वीकार करूँ।' तब देवताओं ने मेरे पास आकर कहा: 'मार्ष! तुम आहार को सर्वथा त्याग देना स्वीकार करो। हम तुम्हारे रोम-कूपों में से दिव्य ओज डाल देंगे। उसी से तुम निर्वाह करोगे।'

"तब मुझे यह हुआ: 'मैं (अपने-आपको) सर्वथा निराहारी समझूँगा और ये देवता मेरे रोम-कूपों के भीतर दिव्य ओज डाल देंगे। मैं उसी से निर्वाह करूँगा। यह मेरा मिथ्याचर होगा।'

"सो मैंने उन देवताओं का प्रत्याख्यान कर दिया—'रहने दो।'

"तब मुझे यह हुआ: 'क्यों न मैं थोड़ा-थोड़ा आहार ग्रहण करूँ—पसर-भर मूँग का झोल, अथवा कुलथी का झोल, अथवा मटर का झोल, अथवा अरहर का झोल।' सो मैं थोड़ा-थोड़ा आहार, पसर-भर मूँग का झोल, अथवा कुलथी का झोल, अथवा मटर का झोल, अथवा अरहर का झोल ग्रहण करने लगा। थोड़ा-थोड़ा आहार...ग्रहण करते हुए मेरा शरीर चरम सीमा को पहुँच गया..."

: ३ :

"सारिपुत्र! मैं चतुरंग ब्रह्मचर्य का पालन करना जानता हूँ।[८] तपस्वियों में मैं परम तपस्वी होता था। रूक्षाचारियों (=रसों का त्याग करने वालों) में मैं परम रूक्षाचारी होता था। जुगुप्सुओं में मैं परम जुगुप्सु होता था। प्रविविक्तों (=एकान्त-वासियों) में मैं परम प्रविविक्त होता था।

"वहाँ, सारिपुत्र! मेरी यह तपस्विता थी। मैं अचेलक (=नग्न) था, मुक्ताचार (=सरबंगी), हाथ में भिक्षा लेकर चाटने वाला, बुलाकर दी गई भिक्षा का त्यागी, 'ठहरिए' कहकर दी गई भिक्षा का त्यागी था। न अपने लिए की गई भिक्षा को, न अपने लिए किये गए (अन्न) को, न निमन्त्रण को खाता था। न घड़े के मुख से (भिक्षा) ग्रहण करता था, न पथरी के मुख से ग्रहण करता था, न दो पटरों के बीच से ग्रहण करता था, न दो दण्डों के बीच से ग्रहण करता था, न मूसलों के बीच से ग्रहण करता था। न दो भोजन करने वालों का अन्न ग्रहण करता था, न गर्भिणी (स्त्री) का ग्रहण करता था, न (दूध) पिलाती हुई (स्त्री) का ग्रहण करता था, न अन्य पुरुष के पास गई (स्त्री) का ग्रहण करता था। न (वहाँ से) जहाँ कुत्ता खड़ा हो, न (वहाँ से) जहाँ मक्खी भनभना रही हो। न मछली, न मांस (खाता था)। न सुरा, न मेरय (=कच्ची शराब), न चावल की शराब पीता था।

"सो मैं एक ही घर में भिक्षा लेने वाला होता था। अथवा एक कवल खाने वाला होता था। अथवा दो घरों से भिक्षा लेने वाला, दो (बार) आहार करने

---

८. महासीहनाद-सुत्तन्त, मज्झिम-निकाय, सुत्त-पिटक।

वाला होता था। अथवा दो कवल खाने वाला होता था। अथवा सात घरों से भिक्षा लेने वाला होता था। अथवा सात कवल खाने वाला। एक कलछी-भर भोजन पर निर्वाह करता था, दो कलछी-भर भोजन पर निर्वाह करता था, सात कलछी-भर भोजन पर निर्वाह करता था। एक दिन में एक बार आहार करता था, दो दिन में एक बार आहार करता था, सात दिन में एक बार आहार करता था। इस प्रकार अर्धमास में बारी-बारी से भोजन ग्रहण करता हुआ विहार करता था।

"मैं शाकाहारी भी था, साँवा-भोजी भी था, नीवार-भोजी भी था, कोदों-भोजी भी था, कट (= एक तृण)-भक्षी था, खेत में छुटे हुए अनाज के दानों का भोजी था, मंड का भोजी था, खली खाने वाला था, तृण-भक्षी था, गोबर-भक्षी था। वनमूल, फलाहार से निर्वाह करता था, गिरे हुए फलों को खाने वाला था।

"मैं सन के वस्त्र धारण करता था, श्मशान (में पड़े वस्त्र) भी धारण करता था, मुर्दे के वस्त्र भी धारण करता था, पाँसुकूल (=चीथड़े) भी धारण करता था, तिरीट (की छाल) भी धारण करता था, मृगचर्म भी धारण करता था, मृगचर्म के चीथड़े भी धारण करता था, मूँज के वस्त्र भी धारण करता था, बक्कल के वस्त्र भी धारण करता था, लकड़ी के वस्त्र भी धारण करता था, बालों का बना कम्बल भी धारण करता था, उल्लू की पँखों के बने वस्त्र भी धारण करता था।

"मैं केश-दाढ़ी नोंचने वाला था, केश-दाढ़ी नोंचने के काम में लगकर खड़ा रहने वाला था, आसन छोड़कर उकड़ूँ बैठने वाला भी था, उकड़ूँ बैठने के व्यापार में लगकर काँटों पर सोने वाला था, कांटों के पलंग पर सोता था, सांझ को जल में सोने के व्यापार में लग जाता था।

"ऐसे अनेक प्रकार के काया के आतापन, सन्तापन के व्यापार में लग्न होकर मैं विहार करता था। सारिपुत्र! यह मेरी तपस्विता थी।

"वहाँ, सारिपुत्र! यह मेरा रूक्षाचार था। मैं अनेक वर्ष पुराने, पपड़ी पड़े मैल को शरीर में संचित किए रहता था। सारिपुत्र! जैसे अनेक वर्ष पुराना, पपड़ी पड़ा तिन्दुका काष्ठ हो, इसी प्रकार, सारिपुत्र! मैं अनेक वर्ष पुराने, पपड़ी पड़े मैल को शरीर पर संचित किए रहता था। वैसा होते हुए मुझे यह नहीं होता

था: 'अहो बत! इस अपने मैल को अपने हाथ से परिमार्जित करूँ, अथवा अन्य लोग इस मैल को हाथ से परिमार्जित करें।' सारिपुत्र! मुझसे यह भी नहीं होता था।

"यह, सारिपुत्र! मेरा रूक्षाचार था।

"वहाँ, सारिपुत्र! यह मेरी जुगुप्सा (=अनुकम्पा) थी। मैं, सारिपुत्र! (प्राणियों की) याद करते हुए जाता था, याद करते हुए आता था। जलबिन्दु तक में मुझे अनुकम्पा बनी रहती थी। (मुझे यह ध्यान रहता था कि) विषम (स्थानों में) स्थित क्षुद्र प्राणियों को न मार दूँ।

"यह, सारिपुत्र! मेरी जुगुप्सा थी।

"यह, सारिपुत्र! मेरा प्रविवेक (=एकान्त-वास) था। मैं, सारिपुत्र! किसी अरण्य स्थान में प्रवेश करता था। जब मैं (किसी) गोपालक को या पशुपालक को या लकड़हारे को या वन में काम करने वाले को देखता था, तो वन से वन में, गहन से गहन में, निम्न से निम्न में, स्थल से स्थल में चला जाता था। सो किस कारण? वे मुझे न देखें, मैं उन्हें न देखूँ। जैसे, सारिपुत्र! आरण्यक मृग वन से वन में, गहन से गहन में, निम्न से निम्न में, स्थल से स्थल में चला जाता है, ऐसे ही, सारिपुत्र! जब मैं गोपालक को या पशुपालक को या लकड़हारे को या वन में काम करने वाले को देखता था तो वन से वन में, गहन से गहन में, निम्न से निम्न में, स्थल से स्थल में चला जाता था।

"यह, सारिपुत्र! मेरा प्रविवेक था।

"सो मैं, सारिपुत्र! छिपकर उन गोष्ठों में जाता था जिनमें से गाएँ और गोपालक चले गए होते थे। जाकर उन तरुण, दूध पीने वाले बछड़ों का जो गोबर होता था उसे खाता था...

"यह, सारिपुत्र! मेरा विकट भोजन था।

"सो मैं, सारिपुत्र! एक भीषण वन-खण्ड में प्रवेश करता था। सारिपुत्र! उस भीषण वन-खण्ड की भीषणता यह थी कि जो कोई अवीतराग (पुरुष) उस वन-खण्ड में प्रवेश करता था, उसके रोम अत्यधिक खड़े हो जाते थे। सो मैं, सारिपुत्र! हेमन्त के हिमपात वाली अन्तिम आठ रातों में रात भर खुले में विहार करता था, दिन को वन-खण्ड में। ग्रीष्म के अन्तिम मास में दिन को खुले में विहार करता था, रात को वन-खण्ड में। सारिपुत्र! मुझे यह अश्रुत-पूर्व,

अद्‌भुत गाथा प्रतिभासित हुई:

'एकाकी, भीषण वन में तप्त, शीत-पीड़ित, वह नग्न, आग-के-पास न बैठा, एषणा से दूर मुनि!'

"सो मैं, सारिपुत्र! मुर्दे की हड्डियों का सिरहाना बनाकर शयन करता था। सारिपुत्र! गोपालक लोग (मेरे) पास आकर (मुझ पर) थूकते भी थे, पेशाब भी करते थे, धूल भी फेंकते थे, (मेरे) कर्ण-छिद्रों में सींक भी डालते थे। सारिपुत्र! उनके विषय में मुझे कोई दुर्भाव उत्पन्न होता प्रतीत नहीं होता था।

"यह, सारिपुत्र! मेरा उपेक्षा-विहार था...

"सारिपुत्र! कोई-कोई श्रमण-ब्राह्मण इस वाद वाले, इस प्रकार की दृष्टि वाले होते हैं: 'आहार से शुद्धि होती है।' मैं बेर से निर्वाह करूँगा—कहकर, वे बेर खाते हैं, बेर का चूर्ण खाते हैं, बेर का शर्बत पीते हैं, अनेक प्रकार के बेर का बना भोजन खाते हैं। मैं भी, सारिपुत्र! एक बेर के बराबर आहार को ही जानता था। शायद, सारिपुत्र! तुम्हारे मन में यह हो—'उस समय बेर बड़ा होता होगा।' सारिपुत्र! ऐसा विचार नहीं करना चाहिए। उस समय भी बेर इतना ही बड़ा होता था, जितना कि आजकल। सो, सारिपुत्र! एक बेर (भर) आहार करने से मेरा शरीर अत्यन्त कृश हो गया...

"सारिपुत्र! कोई-कोई श्रमण-ब्राह्मण इस वाद वाले, इस प्रकार की दृष्टि वाले होते हैं: 'आहार से शुद्धि होती है।' मैं मूँग पर निर्वाह करूँगा—कहकर मूँग को खाते हैं, मूँग का चूर्ण खाते हैं, मूँग का शर्बत पीते हैं, अनेक प्रकार के मूँग का बना भोजन खाते हैं। मैं भी, सारिपुत्र! एक मूँग के बराबर आहार को ही जानता था। शायद, सारिपुत्र! तुम्हारे मन में यह हो: 'उस समय मूँग बड़ा होता होगा।' सारिपुत्र! ऐसा विचार नहीं करना चाहिए। उस समय भी मूँग इतना ही बड़ा होता था, जितना कि आजकल। सो, सारिपुत्र! एक मूँग (भर) आहार करने से मेरा शरीर अत्यन्त कृश हो गया...

"सारिपुत्र! कोई-कोई श्रमण-ब्राह्मण इस वाद वाले, इस प्रकार की दृष्टि वाले होते हैं: 'आहार से शुद्धि होती है।' मैं तिल से निर्वाह करूँगा—कहकर वे तिल को खाते हैं, तिल का चूर्ण खाते हैं, तिल का शर्बत पीते हैं, अनेक प्रकार के तिल के बने भोजन खाते हैं। मैं भी, सारिपुत्र! एक तिल के बराबर आहार

को ही जानता था। शायद, सारिपुत्र! तुम्हारे मन में यह हो: 'उस समय तिल बड़ा होता होगा।' सारिपुत्र! ऐसा विचार नहीं करना चाहिए। उस समय भी तिल इतना ही बड़ा होता था जितना कि आजकल। सो, सारिपुत्र! एक तिल (भर) आहार करने से मेरा शरीर अत्यन्त कृश हो गया...

''सारिपुत्र! कोई-कोई श्रमण-ब्राह्मण इस वाद वाले, इस प्रकार की दृष्टि वाले होते हैं: 'आहार से शुद्धि होती है।' मैं तण्डुल (चावल के दाने) से निर्वाह करूँगा—कहकर वे तण्डुल खाते हैं, तण्डुल का चूर्ण खाते हैं, तण्डुल का शर्बत पीते हैं, अनेक प्रकार के तण्डुल से बने भोजन खाते हैं। मैं भी, सारिपुत्र! एक तण्डुल के बराबर आहार को ही जानता था। शायद, सारिपुत्र! तुम्हारे मन में यह हो: 'उस समय तण्डुल बड़ा होता होगा।' सारिपुत्र! ऐसा विचार नहीं करना चाहिए। उस समय भी तण्डुल इतना ही बड़ा होता था जितना कि आजकल। सो, सारिपुत्र एक तण्डुल (भर) आहार करने से मेरा शरीर अत्यत कृश हो गया...

'उस अल्पाहार से मेरे अंग-प्रत्यंग ऐसे हो गए थे जैसे अस्सी वर्ष के बूढ़े के पोर अथवा कालवृक्ष के पोर। उस अल्पाहार से मेरे कूल्हे ऐसे हो गए थे जैसे ऊँट का पाँव, मेरी पीठ के काँटे ऐसे ऊँचे-नीचे हो गए थे जैसे रस्सी की ऐंठन। उस अल्पाहार के कारण मेरी पसलियाँ ऐसी हो गई थीं जैसे पुराने घर की अस्त-व्यस्त कड़ियाँ। उस अल्पाहार के कारण मेरी आँखों के गड्हों में नीचे धँस जाने से मेरी आँखों की पुतलियाँ ऐसी दिखाई पड़ती थीं जैसे गहरे कुएँ में गहराई के कारण जल का तारा दिखाई पड़ता है। उस अल्पाहार के कारण मेरे शिर का चमड़ा ऐसा हो गया था जैसे, सारिपुत्र! कच्चा ही तोड़ा हुआ कड़वा लोका धूप और हवा से सिकुड़ जाता है, मुरझा जाता है। उस अल्पाहार के कारण, सारिपुत्र! जब मैं पेट के चमड़े को पकड़ता था तो पीठ के काँटे को ही पकड़ लेता था, पीठ के काँटे को पकड़ते समय पेट के चमड़े को ही पकड़ लेता था। मेरे पेट का चमड़ा, सारिपुत्र! पीठ के काँटों से सट गया था। उस अल्पाहार के कारण जब मैं, सारिपुत्र! मलमूत्र का परित्याग करने के लिए उठता था तो वहीं भर्राकर गिर जाता था। उसी अल्पाहर के कारण, सारिपुत्र! जब मैं इस शरीर को सहारा देता हुआ गात्र को सहलाता था तो सड़ी जड़ वाले रोम शरीर से उखड़ पड़ते थे।

"सारिपुत्र! उस आचार से भी, उस दुष्कर तपस्या से भी मैं उत्तर-मनुष्य-धर्म (=दिव्य-शक्ति), अलम-आर्य-ज्ञान-दर्शन (=परमज्ञान) को नहीं पा सका। सो किस हेतु? इसी आर्य-प्रज्ञा के न पाने से जो यह आर्य-प्रज्ञा किसी को मिलने पर वैसा करने वाले को भलीभाँति दुख-क्षय की ओर ले जाती है...

: ४ :

..."तब मुझे यह हुआ[१]: 'अतीत काल में जिन किन्हीं श्रमण-ब्राह्मणों ने घोर दुःख, तीव्र तथा कटु वेदनाएँ सही हैं, (वे) इतने ही पर्यन्त (सही होंगी), इससे अधिक नहीं; भविष्य-काल में जो कोई श्रमण-ब्राह्मण घोर दुःख, तीव्र तथा कटु वेदनाएँ सहेंगे, (वे) इतने पर्यन्त ही (सहेंगे), इससे अधिक नहीं। वर्तमान में भी जो कोई श्रमण-ब्राह्मण घोर दुःख, तीव्र तथा कटु वेदनाएँ सह रहे हैं, (वे) इतने पर्यन्त ही (हैं), इससे अधिक नहीं।' किन्तु, राजकुमार! मैंने उस दुष्कर तपस्या से उत्तर-मनुष्य-धर्म, अलम्-आर्य-ज्ञान-दर्शन नहीं पाया। (मैंने सोचा) 'बोधि के लिए क्या कोई दूसरा मार्ग है?'

"तब, राजकुमार! मुझे यह हुआ : 'जानता हूँ, मैंने पिता (शुद्धोदन) शाक्य के खेत में जामुन की शीतल छाया के नीचे बैठकर, काम तथा अकुशल धर्मों को हटाकर, प्रथम ध्यान को प्राप्त होकर विहार किया था। सम्भवतः वह बोधि का मार्ग हो।'

"तब, राजकुमार! मुझे यह हुआ : 'क्या मैं उस सुख से भयभीत हूँ जो सुख कि काम तथा अकुशल धर्मों से भिन्न (धर्म) में मिलता है?'

"तब, राजकुमार! मुझे यह हुआ: 'मैं उस सुख से भयभीत नहीं हूँ जो सुख कि काम तथा अकुशल धर्मों से भिन्न (धर्म) में मिलता है।'

"तब, राजकुमार! मुझे यह हुआ : 'इस प्रकार की अत्यन्त कृश, क्षीण काया से वह सुख मिलना सुकर नहीं। क्यों न मैं स्थूल आहार, दाल-भात, ग्रहण करूँ?'

"सो मैं, राजकुमार! स्थूल आहार, दाल-भात, ग्रहण करने लगा। उस समय राजकुमार! मेरे पास पाँच भिक्षु (इस आशा से) रहा करते थे कि श्रमण

१. बोधि-राजकुमार-सुत्तन्त, मज्झिम-निकाय, सुत्त-पिटक।

गौतम जिस धर्म को प्राप्त करेगा उसे हम लोगों को बतलाएगा। किन्तु जब मैं स्थूल आहार, दाल-भात, ग्रहण करने लगा तब वे पाँचों भिक्षु 'श्रमण गौतम परिग्रह-परायण, परमार्थ से विमुख, बाहुल्य-परायण हो गया' (समझ), उदासीन होकर चले गए...

"राजकुमार! मैं किम्-कुशल की गवेषणा करता हुआ, अनुत्तर शान्ति के श्रेष्ठ पद की पर्येषणा करता हुआ, मगध में क्रमशः चारिका करके, वहाँ पहुँचा जहाँ उरुवेला (प्रदेश) में सेनानी (नामक) निगम (=कस्बा) था। वहाँ मैंने एक रमणीय, प्रासादिक भूमिभाग में, वनखण्ड में बहती हुई एक नदी को देखा जिसका घाट रमणीय और शुभ्र था। चारों और सुप्रतिष्ठित और रमणीय गोचर-ग्राम थे। वहाँ मुझे यह हुआ : 'यह भूमिभाग रमणीय है। यह वनखण्ड प्रासादिक है। शुभ्र, सुन्दर घाट वाली नदी बह रही है। चारों ओर सुप्रतिष्ठित एवं रमणीय गोचर-ग्राम हैं। प्रधान (=परमार्थ-साधना) के इच्छुक कुलपुत्र के प्रधान के लिए यह बहुत ठीक (स्थान) है।'

"सो मैं, 'प्रधान के लिए यह ठीक (स्थान है)'—यह सोचकर वहीं बैठ गया... ।"

: ५ :

...उस समय[१०] उरुवेला के सेनानी नामक निगम में, सेनानी गृहपति के घर में उत्पन्न सुजाता नाम की कन्या ने वयस्-प्राप्त होकर एक न्यग्रोध (=बरगद) वृक्ष से प्रार्थना की थी : "यदि मैं समान जाति के कुल-परिवार में जाकर, प्रथम प्रसव में ही पुत्र-लाभ करूँगी तो प्रतिवर्ष एक लक्ष के व्यय से तेरा बलिकर्म (=पूजा) करूँगी।" उसकी वह प्रार्थना पूरी हुई।

महापुरुष की दुष्कर तपश्चर्या का छठा वर्ष पूरा होने पर, वैशाख पूर्णिमा के दिन बलिकर्म करने की इच्छा से...प्रत्यूष के समय उठकर उन आठ गायों का दूध निकलवाया।...सुजाता ने अपने ही हाथ से दूध को लेकर, नवीन बरतन में डाल, अपने ही हाथ से आग जलाकर (खीर) पकाना आरम्भ किया।...सुजाता ने पूर्णा दासी से कहा: "अम्मा पूर्णे!...जल्दी से जाकर देवस्थान साफ करो।"

---

१०. निदान-कथा, जातक, खुद्दक-निकाय, सुत्त-पिटक।

आर्ये! अच्छा, कहकर, उसके वचन को ग्रहण करके वह जल्दी-जल्दी वृक्ष के नीचे पहुँची।

बोधिसत्त्व भी उस रात को पाँच महास्वप्न देखकर, "आज मैं निःसंशय बुद्ध बनूँगा"—ऐसा निश्चय करके, उस रात के बीतने पर, शौच आदि से निवृत्त होकर, भिक्षाकाल की प्रतीक्षा करते हुए, प्रातःकाल ही आकर, अपनी प्रभा से सारे वृक्ष को प्रकाशित करते हुए, उस वृक्ष के नीचे बैठे। पूर्णा ने आकर देखा कि बोधिसत्त्व वृक्ष के नीचे बैठे हैं और पूर्व की ओर देख रहे हैं, उनके शरीर से निकलने वाली प्रभा के कारण सारा वृक्ष प्रकाशित है। देखकर उसने सोचा : "आज हमारे देवता वृक्ष से उतरकर अपने ही हाथ से बलि ग्रहण करने को बैठे हैं।" उद्‌विग्न होकर उसने अतिशीघ्र ही यह (बात) सुजाता से कही...

और वह खीर ठीक एक थाल-भर ही हुई। वह उस सुवर्ण-थाल को दूसरे सुवर्ण-थाल से ढककर, कपड़े से बाँध, अपने-आपको सब अलंकारों से अलंकृत करके, थाल को अपने सिर पर रखकर, बड़े वैभव के साथ न्यग्रोध वृक्ष के नीचे गई। और बोधिसत्त्व को देखकर बहुत ही सन्तुष्ट हो, (उन्हें) वृक्ष का देवता समझ, प्रथम दर्शन के स्थान से ही प्रणत हो, जाकर, सिर से थाल उतार कर खोला...सुजाता ने खीर-सहित पात्र को उस महापुरुष के हाथ में अर्पण कर दिया! महापुरुष ने सुजाता की ओर देखा। उसने संकेत से जानकर कहा : "आर्य! यह (पात्र) मैंने आपको प्रदान किया। इसे ग्रहण कर यथारुचि पधारिए।"...

बोधिसत्त्व न्यग्रोध के नीचे बैठने के स्थान से उठकर, वृक्ष की प्रदक्षिणा करके, थाल को लेकर, नेरञ्जरा (नदी) के तीर पर गए। वहाँ किनारे पर थाल को रखकर, (नदी में) उतरकर, नहाकर...पूर्व दिशा की ओर मुँह करके बैठकर, एक ही बीज वाले पके हुए ताल-फल के बराबर उनचास कवल करके, उस समस्त निर्जल, मधु खीर का भोजन किया। यही आहार बुद्धत्व प्राप्ति होने पर, बोधिमण्ड में सात सप्ताह तक बैठे रहने के समय, उनचास दिन का आहार हुआ। इतने समय न अन्य आहार किया, न नहाया, न मुँह धोया, न (अन्य) शारीरिक कृत्य किए। ध्यान-सुख, मार्ग-सुख तथा फल-सुख में ही (सारा समय) बिताया...

बोधिसत्त्व भी, नदी के तीरस्थ सुपुष्पित शालवन में दिन बिताकर, साँझ के

समय, डंठल से फूलों के गिरने के समय... सिंहगति से बोधिवृक्ष के पास गए।... उस समय सामने से घास लेकर आते हुए सोत्थिय नामक घसियारे ने, महापुरुष के आकार को देखकर, उन्हें आठ मुट्ठी तृण दिया। बोधिसत्त्व ने तृण लेकर, बोधि-मण्ड पर चढ़कर... उन तृणों के छोरों को पकड़कर हिलाया। उसी समय चौदह हाथ का आसन बन गया... बोधिसत्त्व ने बोधिवृक्ष को भी पीठ की ओर करके, दृढ़-चित्त हो निश्चय किया : "चाहे मेरा चमड़ा, नसें, हड्डी ही क्यों न शेष रह जाएँ; शरीर-माँस, रक्त सूख जाएँ; तो भी यथार्थ ज्ञान को प्राप्त किए बिना इस आसन को नहीं छोड़ूँगा।"

और सौ बिजलियों के गिरने से भी न टूटने वाला अपराजित आसन लगाकर बैठ गए।

: ६ :

..."तब[११] राजकुमार! मैं स्थूल आहार ग्रहण करके, सबल होकर, कामवासना तथा अकुशल धर्मों से रहित, विवेक द्वारा उत्पन्न, वितर्क एवं विचार सहित, प्रीति तथा सुख से युक्त **प्रथम ध्यान** को प्राप्त होकर विहार करने लगा।

"वितर्क और विचार के उपशमित होने पर, अन्तर के सम्प्रसादन (और) चित्त की एकाग्रता से युक्त, वितर्क-विचार-रहित, समाधि से उत्पन्न, प्रीति तथा सुख से युक्त **द्वितीय ध्यान** को प्राप्त होकर विहार करने लगा।

"तब, राजकुमार! मैं प्रीति और विराग की उपेक्षा करके, स्मृतिसम्प्रजन्य से युक्त होकर, काया से सुख अनुभव करता हुआ, जिस (ध्यान) को कि आर्यजन उपेक्षक, स्मृतिमान और सुखविहारी कहते हैं, ऐसे **तृतीय ध्यान** को प्राप्त होकर विहार करने लगा।

"सुख और दुःख के प्रहाण (=विलोप) से, सौमनस्य और दौर्मनस्य के पहिले ही अस्त हो जाने से, दुःखरहित, सुखरहित, उपेक्षक होकर, स्मृति की परिशुद्धि से युक्त **चतुर्थ ध्यान** को प्राप्त होकर विहार करने लगा।

'सो इस प्रकार चित्त के समाहित (=एकाग्र), परिशुद्ध, पर्यवदात, अंगण-

---

११. बोधि-राजकुमार-सुत्तन्त, मज्झिम-निकाय, सुत्त-पिटक।

रहित, उपक्लेश-रहित, मृदुभूत, कार्योपयोगी, स्थिर, अचलता-प्राप्त, समाधि-युक्त हो जाने पर मैंने पूर्व-जन्मों की स्मृति के ज्ञान के लिए चित्त को झुकाया। तब मैं अनेक पूर्वजन्मों को स्मरण करने लगा, जैसे कि एक जन्म को भी, दो जन्म को भी, तीन जन्म को भी, चार जन्म को भी, पाँच जन्म को भी, दस जन्म को भी, बीस जन्म को भी, तीस जन्म को भी, चालीस जन्म को भी, पचास जन्म को भी, सौ जन्म को भी, सहस्र जन्म को भी, सौ सहस्र जन्म को भी, अनके संवर्त-कल्प (=प्रलय) को भी, अनेक विवर्त-कल्प (=सृष्टि) को भी, अनेक संवर्त-विवर्त-कल्प को भी स्मरण करने लगा—अमुक-स्थान पर इस नामवाला, गोत्रवाला, वर्णवाला, आहारवाला, अमुक प्रकार के सुख-दुःख को अनुभव करता हुआ, इस आयु तक रहा; वहाँ से च्युत होकर, अमुक स्थान में उत्पन्न हुआ; वहाँ भी इस नामवाला, गोत्रवाला, वर्णवाला, आहारवाला, अमुक प्रकार के सुख-दुःख को अनुभव करता हुआ, इस आयु तक रहा; फिर वहाँ से च्युत होकर यहाँ उत्पन्न हुआ। इस प्रकार आकार तथा उद्देश्य के साथ अनेक पूर्व-जन्म को स्मरण करने लगा। इस प्रकार प्रमाद-रहित, तत्पर, आत्मसंयम-युक्त विहार करते हुए, रात के प्रथम याम में मुझे यह **प्रथम विद्या** प्राप्त हुई। अविद्या नष्ट हुई, विद्या उत्पन्न हुई; तम नष्ट हुआ, आलोक उत्पन्न हुआ।

"सो इस प्रकार चित्त के समाहित, परिशुद्ध, पर्यवदात, अंगण-रहित, उपक्लेश-रहित, मृदुभूत, कार्योपयोगी, स्थिर, अचलता-प्राप्त, समाधियुक्त हो जाने पर (मैंने) प्राणियों की च्युति (= मृत्यु) और उत्पत्ति की ओर चित्त को झुकाया। सो मैं अमानुष, विशुद्ध, दिव्य चक्षु से ये शुभ-अशुभ, सुवर्ण-दुर्वर्ण सुगति-दुर्गति वाले प्राणियों को च्युत (और) उत्पन्न होते हुए देखने लगा, कर्मानुसार गति को प्राप्त होते हुए प्राणियों को पहिचानने लगा—प्राणधारी लोग कायिक दुराचार से युक्त, वाचिक दुराचार से युक्त, मानसिक दुराचार से युक्त, आर्यों के निन्दक, मिथ्या-दृष्टि रखने वाले, मिथ्या-दृष्टि (से प्रेरित) कर्म करने वाले थे; ये काया छोड़ने पर, मरने के उपरान्त, अपाय, दुर्गति, पतन, निरय (=नरक) को प्राप्त हुए; ये प्राणधारी लोग कायिक, वाचिक, मानसिक सदाचार से युक्त, आर्यों के अनिन्दक, सम्यक् दृष्टि रखने वाले, सम्यक् दृष्टि (से प्रेरित) कर्म करने वाले थे; ये काया को छोड़ने पर, मरने के उपरान्त सुगति, स्वर्गलोक को प्राप्त हुए। इस प्रकार (मैं) अमानुष, विशुद्ध, दिव्य-चक्षु से

शुभ-अशुभ, सुवर्ण-दुर्वर्ण, सुगति-दुर्गति वाले प्राणियों को च्युत (और) उत्पन्न होते हुए देखने लगा, कर्मानुसार गति को प्राप्त होते हुए पहिचानने लगा। इस प्रकार प्रमाद-रहित, तत्पर, आत्मसंयम-युक्त विहार करते हुए, रात के मध्यम याम में मुझे यह **द्वितीय विद्या** प्राप्त हुई। अविद्या नष्ट हुई, विद्या उत्पन्न हुई; तम नष्ट हुआ, आलोक उत्पन्न हुआ।

"सो इस प्रकार चित्त के समाहित, परिशुद्ध, पर्यवदात, अंगण-रहित, उपक्लेश-रहित, मृदुभूत, कार्योपयोगी, स्थिर, अचलता-प्राप्त, समाधि-प्राप्त हो जाने पर, (मैंने) आस्रवों (= चित्तमलों) के क्षय के ज्ञान के लिए चित्त को झुकाया। सो 'यह दुःख है' — इसे यथार्थतया जान लिया। यह दुःख-समुदय (=दुःख का कारण) है'—इसे यथार्थतया जान लिया। 'यद दुःख-निरोध (=दुख का निवारण) है'—इसे यथार्थतया जान लिया। 'यह दुःख-निरोध-गामिनी प्रतिपद (=मार्ग) है'—इसे यथार्थतया जान लिया। 'ये आस्रव (=चित्तमल) हैं'—इसे यथार्थतया जान लिया। 'यह आस्रव-समुदाय है'—इसे यथार्थतया जान लिया। 'यह आस्रव-निरोध है'—इसे यथार्थतया जान लिया। 'यह आस्रव-निरोध-गामिनी प्रतिपद है'—इसे यथार्थतया जान लिया। सो इस प्रकार जानते हुए, इस प्रकार देखते हुए, मेरा चित्त काम-आस्रवों से विमुक्त हो गया, भव-आस्रवों से विमुक्त हो गया, अविद्या-आस्रव से विमुक्त हो गया। विमुक्त हो जाने पर 'विमुक्त हो गया'—ऐसा ज्ञान हुआ। 'जन्म समाप्त हो गया, ब्रह्मचर्य पूर्ण हो गया, करना था सो कर लिया, अब यहाँ करने के लिए कुछ नहीं है'—यह ज्ञात हुआ। राजकुमार! रात के तृतीय याम में मुझे यह **तृतीय विद्या** प्राप्त हुई। अविद्या नष्ट हुई, विद्या उत्पन्न हुई; तम नष्ट हुआ, आलोक उत्पन्न हुआ।"

: ७ :

उस समय[१२] भगवान् उरुवेला में नेरञ्जरा नदी के तीर पर, बोधिवृक्ष के नीचे, प्रथम अभिसम्बोधि को प्राप्त हुए थे। भगवान् बोधि-वृक्ष के नीचे मोक्ष का आनन्द लेते हुए सप्ताह-भर एक आसन में बैठे रहे। उन्होंने रात के प्रथम

१२. महावग्ग, विनय-पिटक।

याम में प्रतीत्य-समुत्पाद का अनुलोम (=आदि से अन्त की ओर) और प्रतिलोम (=अन्त से आदि की ओर) मनन किया :

"अविद्या के कारण संस्कार होता है, संस्कार के कारण विज्ञान होता है, विज्ञान के कारण नाम-रूप, नाम-रूप के कारण षड्-आयतन, षड्-आयतन के कारण स्पर्श, स्पर्श के कारण वेदना, वेदना के कारण तृष्णा, तृष्णा के कारण उपादान, उपादान के कारण भव, भव के कारण जाति (=जन्म), जाति के कारण जरा, मरण, शोक, परिदेवना, चित्त-विकार और चित्त-खेद उत्पन्न होता है। इस प्रकार इस संसार की, जो केवल दुःखों का पुञ्ज है, उत्पत्ति होती है।

"अविद्या के पूर्ण विराग से, नाश होने से संस्कार का नाश होता है। संस्कार के नाश से विज्ञान का नाश होता है। विज्ञान के नाश से नाम-रूप का नाश होता है। नाम-रूप के नाश से षड्-आयतन का नाश होता है। षड्-आयतन के नाश से स्पर्श का नाश होता है। स्पर्श के नाश से वेदना का नाश होता है। वेदना के नाश से तृष्णा का नाश होता है। तृष्णा के नाश से उपादान का नाश होता है। उपादान के नाश से भव का नाश होता है। भव के नाश से जाति का नाश होता है। जाति के नाश से जरा, मरण, शोक, परिदेवना, दुःख, चित्त-विकार और चित्त-खेद का नाश होता है। इस प्रकार इस दुःखपुञ्ज-मात्र का नाश होता है।"

भगवान् ने इस अर्थ को जानकर उसी समय यह उदान कहा : "सोत्साह, ध्यानरत विप्र के सन्मुख जब धर्म प्रकट होते हैं तब (उसकी) समस्त आकांक्षाएँ शान्त हो जाती हैं (और वह) सहेतु धर्म को देखता है।"

फिर भगवान् ने रात के मध्यम याम मे प्रतीत्य-समुत्पाद का अनुलोम-प्रतिलोम मनन किया... भगवान् ने इस अर्थ को जानकर उसी समय यह उदान कहा : "सोत्साह, ध्यानरत विप्र के सन्मुख जब धर्म प्रकट होते हैं तो प्रत्ययों के क्षय को देख लेने पर (उसकी) समस्त कांक्षाएँ शान्त हो जाती हैं।"

फिर भगवान् ने रात के अन्तिम याम में प्रतीत्य-समुत्पाद का अनुलोम-प्रतिलोम मनन किया... भगवान् ने इस अर्थ को जानकर उसी समय यह उदान कहा : "सोत्साह, ध्यानरत विप्र के सन्मुख जब धर्म प्रकट होते हैं, (तो वह) मार-सेना को कम्पायमान करता हुआ, आकाश को प्रकाशित करते हुए रवि के

समान प्रतिष्ठित होता है।"

सप्ताह बीतने पर भगवान्, उस समाधि से उठकर, बोधिवृक्ष के नीचे से वहाँ गए जहाँ अजपाल नामक न्यग्रोध-वृक्ष था। वहाँ पहुँचकर अजपाल न्यग्रोध-वृक्ष के नीचे मोक्ष का आनन्द लेते हुए एक सप्ताह तक एक आसन से बैठे रहे। उस समय हुहुङ्क ब्राह्मण वहाँ आया जहाँ भगवान् थे। पास आकर, भगवान् के साथ सम्मोदन करके, एक ओर खड़ा हो गया। एक ओर खड़े हुए उस ब्राह्मण ने भगवान् से यह कहा : "हे गौतम! ब्राह्मण कैसे होता है? ब्राह्मण बनाने वाले कौन से धर्म हैं?"

भगवान् ने इस अर्थ को जानकर उसी समय यह उदान कहा : "जो विप्र पापमुक्त, मल और अभिमान से रहित, संयम-परायण है, **वेदान्त-पारंगत है, ब्रह्मवादी धर्म में ब्रह्मचर्य-रत है,** उसके समान जगत् में कोई नहीं।"...

दूसरा परिच्छेद

धर्मचक्र-प्रवर्तन

..."सौ, भिक्षुओ![1] स्वयं जाति-धर्मा होते हुए मैंने, जाति-धर्मा के दुष्परिणाम को जानकर, अजात, अनुपम योग-क्षेम निर्वाण को खोजकर, अजात, अनुपम योग-क्षेम निर्वाण को पा लिया। स्वयं जरा-धर्मा होते हुए मैंने, जरा-धर्मा के दुष्परिणाम को जानकर, अजर, अनुपम योग-क्षेम निर्वाण को खोजकर, अजर, अनुपम येाग-क्षेम निर्वाण को पा लिया। स्वयं व्याधि-धर्मा होते हुए, व्याधि-धर्मा के दुष्परिणाम को जानकर, अव्याधि, अनुपम योग-क्षेम निर्वाण को खोजकर, अव्याधि, अनुपम योग-क्षेम निर्वाण को पा लिया। स्वयं मरण-धर्मा होते हुए, मरण-धर्मा के दुष्परिणाम को जानकर, अमृत, अनुपम योग-क्षेम निर्वाण को खोजकर, अमृत, अनुपम, योग-क्षेम निर्वाण को पा लिया। स्वयं शोक-धर्मा होते हुए, शोक-धर्मा के दुष्परिणाम को जानकर, अशोक, अनुपम योग-क्षेम निर्वाण को खोजकर, अशोक अनुपम योग-क्षेम निर्वाण को पा लिया। स्वयं संक्लेश-धर्मा होते हुए, संक्लेश-धर्मा के दुष्परिणाम को जानकर, असंक्लिष्ट, अनुपम योग-क्षेम निर्वाण को खोजकर असंक्लिष्ट, अनुपम योग-क्षेम निर्वाण को पा लिया। **मेरा ज्ञान, दर्शन बन गया।** मेरे चित्त की मुक्ति अचल हो गई। यह अन्तिम जन्म है, फिर अब जन्म नहीं।

"तब, भिक्षुओ! मुझे ऐसा हुआ: 'मैंने गम्भीर, दुर्दर्शनीय, दुर्ज्ञेय, शान्त, उत्तम, तर्क द्वारा अप्राप्य, निपुण पण्डितों द्वारा विज्ञेय, इस धर्म को पा लिया है। यह जनता काम-तृष्णा में रमण करने वाली, कामरत, काम में प्रसन्न है। काम में रमण करने वाली इस जनता के लिए यह जो कार्य-कारण रूपी प्रतीत्य-समुत्पाद है, वह दुर्दर्शनीय है। और यह भी दुर्दर्शनीय है जो कि यह सभी संस्कारों का शमन, सभी मन्त्रों का परित्याग, तृष्णा का क्षय, विराग, निरोध और निर्वाण है। मैं यदि धर्मोपदेश भी करूँ और दूसरे (लोग) उसको न समझ पावें तो मेरे लिए यह उद्वेग और उत्पीड़न ही होगा।'

---

१. पास-रासि (=अरिय-परियेसन)-सुत्तन्त, मज्झिम-निकाय, सुत्त-पिटक।

"उसी समय मुझे ये अश्रुत-पूर्व, अद्‌भुत गाथाएँ प्रतिभासित हुईं : 'यह धर्म (मैंने) कष्ट से पाया है। इसको प्रकाशित करना युक्त नहीं होगा। राग-द्वेष में प्रलिप्त (प्राणियों) के लिए इस (धर्म) को जानना सुकर नहीं। यह (धर्म) गम्भीर, उल्टी-धार-वाला, दुर्दर्शनीय, सूक्ष्म और प्रवीण है। तम-पुञ्ज से आच्छादित और राग-रत (प्राणियों) के द्वारा इसका देखना सम्भव नहीं।'

"मेरे ऐसा समझने के कारण, मेरा चित्त धर्म-प्रचार की ओर न झुककर, अल्प-उत्सुकता (=उदासीनता) की ओर झुक गया।

"तब सहापति ब्रह्मा ने मेरे चित्त की बात को जानकर विचार किया : 'लोक नष्ट हो जाएगा रे! लोक नष्ट हो जाएगा, यदि तथागत, अर्हत्, सम्यक् सम्बुद्ध का चित्त धर्म-प्रचार की ओर न झुककर अल्प-उत्सुकता की ओर झुक गया।'

"सहापति ब्रह्मा, जैसे बलवान् पुरुष फैली हुई बाँह को समेट ले, समेटी बाँह को फैला दे, ऐसे ही ब्रह्मलोक से अन्तर्ध्यान होकर, मेरे सामने प्रकट हुआ। फिर सहापति ब्रह्मा ने उत्तरीय एक कन्धे पर करके, दक्षिण जानु को पृथिवी पर टिकाकर, जिस ओर मैं था उस ओर हाथ जोड़कर कहा : 'भन्ते! भगवान् धर्मोपदेश करें, सुगत धर्मोपदेश करें। अल्पमल-युक्त प्राणी भी हैं। वे धर्म के न सुन पाने से नष्ट हो जाएँगे। धर्म को सुनने वाले (भी हैं)।'

"सहापति ब्रह्मा ने यह कहा और यह कहकर यह भी कहा: 'मगध में मलिन चित्त वालों द्वारा चिन्तित अशुद्ध धर्म पहले उत्पन्न हो चुका है। अमृत के द्वार को अपावृत करने वाले, विमल (पुरुष) द्वारा जाने गए इस धर्म को (लोक) सुने। पथरीले पर्वत के शिखर पर खड़ा (पुरुष) जैसे चारों ओर जनता को देखे, उसी प्रकार, हे सुमेध! हे सर्वत्र-नेत्र! धर्मरूपी प्रासाद पर चढ़कर समस्त जनता को देखो। हे अशोक! शोक-निमग्न, जन्म-जरा द्वारा पीड़ित जनता की ओर देखो। उठो, वीर! हे संग्रामजित्! हे सार्थवाह! हे उऋण-ऋण! जगत-विचरण करो। धर्म-प्रचार करो, भगवन्! जानने वाले मिलेंगे।'

"तब मैंने, ब्रह्मा के अभिप्राय को जानकर, और प्राणियों पर अनुकम्पा करके, बुद्धनेत्र से लोक का अवलोकन किया। बुद्धनेत्र से लोक को देखते हुए मैंने जीवों को देखा। उनमें से कितने ही अल्प-मल, तीक्ष्ण-बुद्धि, सुन्दर-स्वभाव, सुबोध्य प्राणियों को भी देखा। उनमें से कोई-कोई परलोक और पाप

से भय करते हुए विहार कर रहे थे। जैसे उत्पलिनी, पद्मिनी अथवा पुण्डरीकिनी में किनने ही उत्पल, पद्म अथवा पुण्डरीक उदक में उत्पन्न, उदक में बँधे, उदक से बाहर न निकलकर, भीतर ही डूब कर पोषित होते हैं; कोई-कोई उत्पल, पद्म अथवा पुण्डरीक, उदक में उत्पन्न, उदक में बँधे, उदक के बराबर ही खड़े होते हैं; कोई-कोई उत्पल, पद्म अथवा पुण्डरीक उदक में बँधे, उदक के बहुत ऊपर निकलकर, उदक से अलिप्त खड़े होते हैं।

"इसी प्रकार मैंने बुद्धनेत्र से लोक को देखते हुए अल्प-मल, तीक्ष्ण-बुद्धि, सुन्दर-स्वभाव, सुबोध्य प्राणियों को देखा, जो परलोक तथा पाप से भय करते हुए विहार कर रहे थे। देखकर सहापति ब्रह्मा से गाथा द्वारा कहा : 'जो (मनुष्य) श्रुतिधर होकर भी श्रद्धा को त्याग देते हैं, उनके लिये अमृत का द्वार बन्द हो गया। हे ब्रह्मा! पीड़ा का विचार करके मैं मनुष्यों के लिये (इस) निपुण, उत्तम धर्म को नहीं कहता था।'

"तब सहापति ब्रह्मा, यह जानकर (कि) 'भगवान् ने धर्मोपदेश के लिए मेरी बात मान ली', मेरा अभिवादन करके, प्रदक्षिणा करके, वहीं अन्तर्धान हो गया। उस समय मुझे यह हुआ: 'मैं पहले किसको इस धर्म का उपदेश दूँ? इस धर्म को शीघ्र ही कौन समझेगा?'

"फिर मुझे यह हुआ : 'यह आलार-कालाम पण्डित, चतुर, मेधावी चिरकाल से अल्प-मलिन-चित्त है। मैं पहले क्यों न आलार-कालाम को ही धर्मोपदेश दूँ? वह इस धर्म को शीघ्र ही समझ लेगा।'

"तब देवता ने मुझसे कहा : 'भन्ते! आलार-कालाम को मरे हुए एक सप्ताह हो गया।'

"मुझको भी ज्ञान-दर्शन हुआ : 'आलार-कालाम को मरे हुए एक सप्ताह हो गया।'

"तब मुझे यह हुआ : 'आलार-कालाम महा-आजानीय था, वह इस धर्म को सुनता तो शीघ्र ही समझ लेता।'

"तब मुझे यह हुआ : 'यह उद्दक रामपुत्त पण्डित, चतुर, मेधावी, चिरकाल से अल्प-मलिन-चित्त है। क्यों न मैं पहले उद्दक रामपुत्त को ही धर्मोपदेश दूँ? वह इस धर्म को शीघ्र ही समझ लेगा।'

"तब देवता ने आकर कहा : 'भन्ते! उद्दक रामपुत्त रात को ही मर चुका।'

''तब मुझे भी ज्ञान-दर्शन हुआ: 'उद्दक रामपुत्त रात को ही मर गया।'

''तब मुझको यह हुआ : 'उद्दक रामपुत्त महा-आजानीय था। वह यदि इस धर्म को सुनता तो शीर्घ ही समझ लेता।'

''फिर मुझे यह हुआ : 'पञ्चवर्गीय भिक्षु मेरा बहुत काम करने वाले थे। उन्होंने साधना में लगे हुए मेरी सेवा की थी। क्यों न मैं पञ्चवर्गीय भिक्षुओं को ही पहिले धर्मोपदेश दूँ।'

''मैंने सोचा : 'पञ्चवर्गीय भिक्षु इस समय कहाँ विहार कर रहे हैं?''

''मैंने अमानुष, विशुद्ध, दिव्यचक्षु से देखा: 'पञ्चवर्गीय भिक्षु वाराणसी के ऋषिपतन मृगदाव में विहार कर रहे हैं।'

''तब मैं उरुवेला में इच्छानुसार विहार करके, जिस ओर वाराणसी है उस ओर चारिका के लिए निकल पड़ा... तब मैं, भिक्षुओ! क्रमशः चारिका करता हुआ, जहाँ वाराणसी का ऋषिपतन मृगदाव था, जहाँ पञ्चवर्गीय भिक्षु थे, वहाँ पहुँचा। दूर से आते हुए मुझको पञ्चवर्गीय भिक्षुओं ने देखा। देखते ही परस्पर निश्चय किया : 'आवुसो! यह बाहुलिक, साधना-भ्रष्ट, बाहुल्य-परायण श्रमण गौतम आ रहा है। इसका अभिवादन नहीं करना चाहिए, (इस के लिए) प्रत्युत्थान नहीं करना चाहिए, न इसके पात्र-चीवर को (आगे बढ़कर) लेना चाहिए। केवल आसन रख देना चाहिए। यदि (इसकी) इच्छा होगी तो बैठेगा।'

''ज्यों-ज्यों मैं पञ्चवर्गीय भिक्षुओं के समीप आता गया, त्यों-त्यों वे पञ्चवर्गीय भिक्षु अपनी प्रतिज्ञा पर स्थिर नहीं रह सके। मेरे पास आकर एक ने मेरे पात्र-चीवर ले लिए, एक ने आसन बिछाया, एक ने पादोदक (=पाँव धोने का जल)। पादपीठ (=पीढ़ा), पादकठलिका (=पाँव रगड़ने की लकड़ी) लाकर (मेरे) पास रक्खी। मैं बिछे हुए आसन पर बैठ गया। बैठकर मैंने पाँव धोए।

''वे मेरे लिए 'आवुस' शब्द का प्रयोग करते थे। ऐसा करने पर मैंने कहा: 'नहीं, भिक्षुओ! तथागत को नाम लेकर अथवा आवुस कहकर मत पुकारो। भिक्षुओ! तथागत अर्हत, सम्यक्-सम्बुद्ध हैं। इधर कान दो। मैंने जिस अमृत को पाया है, उसका तुम्हें उपदेश देता हूँ। उपदेशानुसार आचरण करने पर (तुम) उस अनुत्तर ब्रह्मचर्य-फल को, जिसके लिए कुलपुत्र घर से बेघर होकर प्रव्रजित होते हैं, स्वयं जानकर, देखकर, पाकर विचरण करोगे।'

"ऐसा कहने पर पञ्चवर्गीय भिक्षुओं ने मुझसे कहा : 'आवुस गौतम! उस साधना में, उस धारणा में, उस दुष्कर तपस्या में भी तुम आर्य-अलम्-ज्ञान-दर्शन, उत्तर मनुष्य-धर्म को नहीं पा सके। फिर अब बाहुलिक, साधना-भ्रष्ट, बाहुल्य-परायण (होकर) तुम आर्य-अलम्-ज्ञान-दर्शन, उत्तर-मनुष्य-धर्म को क्या पाओगे?'

"यह कहने पर मैंने पञ्चवर्गीय भिक्षुओं से कहा : 'भिक्षुओ! तथागत बाहुलिक नहीं हैं, और न साधना-भ्रष्ट हैं, न बाहुल्य-परायण हैं। भिक्षुओं! तथागत अर्हत्, सम्यक-सम्बुद्ध हैं। इधर कान दो। मैंने जिस अमृत को पाया है, उसका तुम्हें उपदेश देता हूँ। उपदेशानुसार आचरण करने पर (तुम) उस अनुत्तर ब्रह्मचर्य-फल को, जिसके लिए कुलपुत्र घर से बेघर होकर प्रव्रजित होते हैं, स्वयं जानकर, देखकर, पाकर विचरण करोगे।'

"दूसरी बार भी पञ्चवर्गीय भिक्षुओं ने मुझसे कहा: 'आवुस गौतम! उस साधना में, उस धारणा में, उस दुष्कर तपस्या में भी तुम आर्य-अलम्-ज्ञान-दर्शन, उत्तर-मनुष्य-धर्म को नहीं पा सके। फिर अब बाहुलिक, साधना-भ्रष्ट, बाहुल्य-परायण (होकर) तुम आर्य-अलम्-ज्ञान-दर्शन, उत्तर-मनुष्य-धर्म को क्या पाओगे?'

"दूसरी बार भी मैंने कहा : 'भिक्षुओ! तथागत बाहुलिक नहीं हैं, और न साधना-भ्रष्ट हैं, न बाहुल्य-परायण हैं। भिक्षुओ! तथागत अर्हत्, सम्यक्-सम्बुद्ध हैं। इधर कान दो। मैंने जिस अमृत को पाया है उसका तुम्हें उपदेश देता हूँ। उपदेशानुसार आचरण करने पर (तुम) उस अनुत्तर ब्रह्मचर्य-फल को, जिसके लिए कुलपुत्र घर से बेघर होकर प्रव्रजित होते हैं, स्वयं जानकर, देखकर, पाकर विचरण करोगे।'

"तीसरी बार भी पञ्चवर्गीय भिक्षुओं ने मुझसे कहा, 'आवुस गौतम! उस साधना में, उस धारणा में, उस दुष्कर तपस्या में भी तुम आर्य-अलम्-ज्ञान-दर्शन, उत्तर-मनुष्य-धर्म को नहीं पा सके। फिर अब बाहुलिक, साधना-भ्रष्ट, बाहुल्य-परायण (होकर) तुम आर्य-अलम्-ज्ञान-दर्शन, उत्तर-मनुष्य-धर्म को क्या पाओगे?'

"ऐसा कहने पर मैंने पञ्चवर्गीय भिक्षुओं से कहा : 'भिक्षुओ! क्या इसके पूर्व भी कभी मैंने इस प्रकार कहा है?'

'भन्ते! नहीं।'

'भिक्षुओ! तथागत अर्हत, सम्यक्-सम्बुद्ध हैं। इधर कान दो। मैंने जिस अमृत को पाया है इसका तुम्हें उपदेश देता हूँ। उपदेशानुसार आचरण करने पर तुम उस अनुत्तर ब्रह्मचर्य-फल को, जिसके लिए कुलपुत्र घर से बेघर होकर प्रव्रजित होते हैं, स्वयं जानकर, देखकर, पाकर विचरण करोगे।'

''मैं पञ्चवर्गीय भिक्षुओं को समझाने में समर्थ हुआ।''

: २ :

...[२]वहाँ भगवान् ने पञ्चवर्गीय भिक्षुओं को आमन्त्रित किया: ''भिक्षुओ! प्रव्रजित को दो अन्तों का सेवन नहीं करना चाहिए।''

''कौनसे दो का? जो यह हीन, ग्राम्य, पृथग्जन के अनुकूल, अनार्य, अनर्थ-युक्त, कामवासनाओं में लिप्त होना है। और जो यह दुःखद, अनार्य, अनर्थ-युक्त आत्मपीड़न में लग जाना है।[३]

''भिक्षुओ! तथागत ने, इन दो अन्तों को त्यागकर, मध्यम-मार्ग[४] का ज्ञान प्राप्त किया है, जो चक्षु देने वाला, ज्ञान उत्पन्न करने वाला, उपशम के लिए, अभिज्ञा के लिए, सम्बोधि के लिए, तथा निर्वाण के लिए है।

''भिक्षुओ! क्या है वह मध्यम-मार्ग जिसका ज्ञान तथागत ने प्राप्त किया है, जो चक्षु देने वाला, ज्ञान उत्पन्न करने वाला, उपशम के लिए, अभिज्ञा के लिए, सम्बोधि के लिए, तथा निर्वाण के लिए है?

---

२. धम्मचक्कप्पवत्तन-सुत्त, संयुत्त-निकाय, सुत्त-पिटक।

३. देखिए गीता १७/५-६ :

अशास्त्रविहितं घोरं तप्यन्ते ये तपो जनाः।
दम्भाहंकारसंयुक्ताः कामरागबलान्विताः॥
कर्षयन्तः शरीरस्थं भूतग्राममचेतसः।
मां चैवान्तःशरीरस्थं तान्विद्ध्यासुरनिश्चयान्॥

४. देखिए गीता ६/१६-१७ :

नात्यश्नतस्तु योगोऽस्ति न चैकान्तमनश्नतः॥
न चातिस्वप्नशीलस्य जाग्रतो नैव चार्जुन॥
युक्ताहारविहारस्य युक्तचेष्टस्य कर्मसु।
युक्तस्वप्नावबोधस्य योगो भवति दुःखहा॥

"यही आर्य अष्टांगिक मार्ग, जैसे कि सम्यक्-दृष्टि, सम्यक्-संकल्प, सम्यक्-वचन, सम्यक्-कर्मान्त, सम्यक्-आजीव, सम्यक्-व्यायाम, सम्यक्-स्मृति, और सम्यक्-समाधि।

"भिक्षुओ! यहीं मध्यममार्ग है जिसका तथागत ने ज्ञान प्राप्त किया है, जो चक्षु देने वाला, ज्ञान उत्पन्न करने वाला, उपशम के लिए, अभिज्ञा के लिए, सम्बोधि के लिए, तथा निर्वाण के लिए है।

"भिक्षुओ! दुःख आर्य-सत्य है। जन्म भी दुःख है, जरा भी, व्याधि भी, मरण भी, शोक-परिवेदना भी, दौर्मनस्य भी, उपायास (=परेशानी) भी। जो मनाप (=मन को अच्छा लगने वाला) है उसका न मिलना भी दुःख है। संक्षेप में, पाँचों उत्पादन-स्कन्ध[५] दुःख ही है।

"भिक्षुओ! दुःख-समुदय आर्य-सत्य है, जो कि यह तृष्णा है—पुनर्जन्म कराने वाली, सुख चाहने वाली, राग करने वाली, वहाँ-वहाँ प्रसन्न होने वाली, जैसे कि काम-तृष्णा, भव-तृष्णा, विभव-तृष्णा।

"भिक्षुओ! दुःख-निरोध आर्य-सत्य है, जो कि उस तृष्णा का सर्वथा विराग, निरोध, त्याग, प्रतिनिःसर्ग, मुक्ति, अनालय है।

"भिक्षुओ! दुःख-निरोध-गामिनी प्रतिपद् आर्य-सत्य है, जो कि यह आर्य अष्टांगिक मार्ग है, जैसे कि सम्यक्-दृष्टि, सम्यक्-संकल्प, सम्यक्-वचन, सम्यक्-कर्मान्त, सम्यक्-आजीव, सम्यक्-व्यायाम, सम्यक्-स्मृति, तथा सम्यक्-समाधि।

"दुःख आर्य-सत्य है—भिक्षुओ! यह मुझे अश्रुत-पूर्व धर्मों में चक्षु उत्पन्न

---

५. उपादान-स्कन्ध पाँच हैं—रूप, वेदना, संज्ञा, संस्कार, विज्ञान। रूप का अर्थ है बाह्य जगत्। वेदना वह है जो बाह्य जगत् के साथ इन्द्रियस्पर्श से उदभूत होती है। संज्ञा वह चेतना है जो वेदना का परिणाम है। वह चेतना जब किसी इन्द्रियस्पर्श के प्रति राग तथा किसी इन्द्रियस्पर्श के प्रति द्वेष से भर जाती है तो संस्कार उत्पन्न होता है। संस्कारों का प्रवाह अर्थात् चित्तवृत्तियों का पसारा विज्ञान है। (विज्ञान का यह अर्थ उपनिषद् में इस शब्द के अर्थ से विभिन्न है। वहाँ विज्ञान का अर्थ ऊर्ध्वमुखी चेतना द्वारा प्राप्त ज्ञान है। ध्यान की स्थितियों को बतलाते समय, 'विज्ञान-आनन्त्य-आयतन का उल्लेख करके, भगवान् बुद्ध ने भी 'विज्ञान' शब्द का प्रयोग औपनिषदिक अर्थ में किया है)। बाह्यमुखी चेतना इन पाँच उपादान-स्कन्धों में उलझी रहती है। साधक इन उपादान-स्कन्धों का निरोध करके चेतना को अन्तर्मुखी तथा ऊर्ध्वमुखी करता है।

हुआ, ज्ञान उत्पन्न हुआ, प्रज्ञा उत्पन्न हुई, विद्या उत्पन्न हुई, आलोक उत्पन्न हुआ।

''यह दुःख आर्य-सत्य परिज्ञेय है—भिक्षुओ! यह मुझे अश्रुत-पूर्व धर्मों में चक्षु उत्पन्न हुआ, ज्ञान उत्पन्न हुआ, प्रज्ञा उत्पन्न हुई, विद्या उत्पन्न हुई, आलोक उत्पन्न हुआ।

''यह दुःख आर्य-सत्य परिज्ञात है—भिक्षुओ! यह मुझे अश्रुत-पूर्व धर्मों में चक्षु उत्पन्न हुआ, ज्ञान उत्पन्न हुआ, प्रज्ञा उत्पन्न हुई, विद्या उत्पन्न हुई, आलोक उत्पन्न हुआ।

''दुःख-समुदय आर्य-सत्य है—भिक्षुओ! यह मुझे अश्रुत-पूर्व धर्मों में चक्षु उत्पन्न हुआ, ज्ञान उत्पन्न हुआ, प्रज्ञा उत्पन्न हुई, विद्या उत्पन्न हुई, आलोक उत्पन्न हुआ।

''दुःख-समुदय आर्य-सत्य का प्रहाण (=नाश) कर देना चाहिए—भिक्षुओ! यह मुझे अश्रुत-पूर्व धर्मों में चक्षु उत्पन्न हुआ, ज्ञान उत्पन्न हुआ, प्रज्ञा उत्पन्न हुई, विद्या उत्पन्न हुई, आलोक उत्पन्न हुआ।

''दुःख-समुदय आर्य-सत्य प्रहीण (=नष्ट) हो गया—भिक्षुओ! यह मुझे अश्रुत-पूर्व धर्मों में चक्षु उत्पन्न हुआ, ज्ञान उत्पन्न हुआ, प्रज्ञा उत्पन्न हुई, विद्या उत्पन्न हुई, आलोक उत्पन्न हुआ।

''दुःख-निरोध आर्य-सत्य है—भिक्षुओ! यह मुझे अश्रुत-पूर्व धर्मों में चक्षु उत्पन्न हुआ, ज्ञान उत्पन्न हुआ, प्रज्ञा उत्पन्न हुई, विद्या उत्पन्न हुई, आलोक उत्पन्न हुआ।

''दुःख-निरोध आर्य-सत्य का साक्षात्कार करना चाहिए—भिक्षुओ! यह मुझे अश्रुत-पूर्व धर्मों में चक्षु उत्पन्न हुआ, ज्ञान उत्पन्न हुआ, प्रज्ञा उत्पन्न हुई, विद्या उत्पन्न हुई, आलोक उत्पन्न हुआ।

''दुःख-निरोध आर्य-सत्य का साक्षात्कार कर लिया—भिक्षुओं! यह मुझे अश्रुत-पूर्व धर्मों में चक्षु उत्पन्न हुआ, ज्ञान उत्पन्न हुआ, प्रज्ञा उत्पन्न हुई, विद्या उत्पन्न हुई, आलोक उत्पन्न हुआ।

''दुःख-निरोध-गामिनी-प्रतिपद् आर्य-सत्य है—भिक्षुओ! यह मुझे अश्रुत-पूर्व धर्मों में चक्षु उत्पन्न हुआ, ज्ञान उत्पन्न हुआ, प्रज्ञा उत्पन्न हुई, विद्या उत्पन्न हुई, आलोक उत्पन्न हुआ।

"दुःख-निरोध-गामिनी-प्रतिपद् आर्य-सत्य का अभ्यास करना चाहिए—भिक्षुओ! यह मुझे अश्रुत-पूर्व धर्मों में चक्षु उत्पन्न हुआ, ज्ञान उत्पन्न हुआ, प्रज्ञा उत्पन्न हई, विद्या उत्पन्न हुई, आलोक उत्पन्न हुआ।

"दुःख-निरोध-गामिनी-प्रतिपद् आर्य-सत्य का अभ्यास सिद्ध हो गया—भिक्षुओ! यह मुझे अश्रुत-पूर्व धर्मों में चक्षु उत्पन्न हुआ, ज्ञान उत्पन्न हुआ, प्रज्ञा उत्पन्न हुई, विद्या उत्पन्न हुई, आलोक उत्पन्न हुआ।

"भिक्षुओ! जब तक मुझे इन चार आर्य-सत्यों में इस प्रकार तेरह (तथा) बारह आकार का यथार्थ, शुद्ध ज्ञान-दर्शन नहीं हुआ, तब तक, भिक्षुओ! मैंने देवगण-सहित, मार-सहित, ब्रह्मा-सहित लोक में, देव-मनुष्यों के बीच, श्रमण-ब्राह्मणों के बीच, प्राणियों के बीच यह दावा नहीं किया—'मैंने अनुत्तर सम्यक्-सम्बोधि को प्राप्त कर लिया है।'

"भिक्षुओ! जब मुझे इन चार आर्य-सत्यों में इस प्रकार बारह (तथा) तेरह आकार का यथार्थ, शुद्ध ज्ञान-दर्शन हो गया, तभी, भिक्षुओ! मैंने देवगण-सहित, मार-सहित, ब्रह्मा-सहित लोक में, देव-मनुष्यों के बीच, श्रमण-ब्राह्मणों के बीच, प्राणियों के बीच यह दावा किया—'मैंने अनुत्तर सम्यक्-सम्बोधि को प्राप्त कर लिया है।'

"मुझे ज्ञान-दर्शन उत्पन्न हुआ, मेरा चित्त विमुक्त हो गया, यही मेरा अन्तिम जन्म है, अब पुनर्जन्म नहीं हो सकेगा।"

भगवान् ने यह कहा। पञ्चवर्गीय भिक्षुओं ने सन्तुष्ट होकर भगवान् के भाषण का अभिनन्दन किया।

इस धर्मोपदेश के कहे जाने पर आयुष्मान् कौण्डिन्य को विरज, विमल धर्म-चक्षु उत्पन्न हो गया—'जो-कुछ समुदय-धर्मा (=उत्पन्न होने वाला) है, (वह) समस्त निरोध-धर्मा (=नष्ट होने वाला) है।'

भगवान् के यह धर्मचक्र-प्रवर्तन करने पर भूमिस्थ देवताओं ने शब्द किया : 'वाराणसी के ऋषिपतन मृगदाव में भगवान् ने यह अनुत्तर धर्म-चक्र-प्रवर्तन किया है, जिसको न तो कोई श्रमण, न ब्राह्मण, न देवता, न मार, न ब्रह्मा और न इस लोक में कोई अन्य (प्राणी) प्रवर्तित कर सकता है।'

भूमिस्थ देवताओं का शब्द सुनकर चातुर्महाराजिक देवताओं ने भी शब्द किया: 'वाराणसी के ऋषिपतन मृगदाव में भगवान् ने यह अनुत्तर धर्मचक्र-

प्रवर्तन किया है जिसको न तो कोई श्रमण, न ब्राह्मण, न देवता, न मार, न ब्रह्मा और न इस लोक में कोई अन्य (प्राणी) प्रवर्तित कर सकता है।'

इस प्रकार उसी क्षण में, उसी लव में, उसी मुहूर्त में यह शब्द ब्रह्मलोक तक पहुँच गया। ये दस सहस्र लोक-धातु कम्पित, सम्प्रकम्पित, संवेपित हुए। देवताओं के देवानुभास से भी बढ़कर अपरिमेय अवभाव लोक में प्रकट हुआ।

: ३ :

एक[६] समय भगवान् पाँच-सौ भिक्षुओं के महासंघ के साथ राजगृह और नालन्दा के बीच लम्बे मार्ग पर जा रहे थे।

सुप्रिय परिव्राजक भी अपने शिष्य ब्रह्मदत्त माणवक के साथ राजगृह और नालन्दा के बीच लम्बे मार्ग पर जा रहा था। उस समय सुप्रिय परिव्राजक अनेक प्रकार से बुद्ध तथा धर्म तथा संघ की निन्दा कर रहा था। किन्तु सुप्रिय का शिष्य ब्रह्मदत्त माणवक अनेक प्रकार से बुद्ध, धर्म तथा संघ की प्रशंसा कर रहा था। इस प्रकार वे दोनों, आचार्य तथा शिष्य, परस्पर अत्यन्त विरोधी पक्ष का प्रतिपादन करते हुए, भगवान् तथा भिक्षुसंघ के पीछे-पीछे जा रहे थे।

तब भिक्षुसंघ के साथ भगवान् अम्बलट्ठिका के राजप्रासाद में रातभर के लिए रुक गए।

सुप्रिय प्ररिव्राजक भी अपने शिष्य ब्रह्मदत्त माणवक के साथ राजप्रासाद में रुक गया। वहाँ भी सुप्रिय परिव्राजक अनेक प्रकार से बुद्ध, धर्म तथा संघ की निन्दा कर रहा था, और ब्रह्मदत्त माणवक अनेक प्रकार से बुद्ध, धर्म तथा संघ की प्रशंसा। इस प्रकार वे, आचार्य तथा शिष्य, दोनों परस्पर अत्यन्त विरोधी पक्ष का प्रतिपादन कर रहे थे।

रात ढल जाने पर, प्रत्यूष के समय उठकर उपस्थानशाला में समुपासीन बहुत से भिक्षुओं में यह बात चली : "आवुस! यह महान् आश्चर्य है और अद्‌भुत है कि सर्वविद्, सर्वद्रष्टा, अर्हत्, सम्यक्-सम्बुद्ध भगवान् जीवों के नाना अभिप्रायों को ठीक-ठीक जान लेते हैं। यही सुप्रिय अनेक प्रकार से बुद्ध, धर्म तथा संघ की निन्दा कर रहा है, और उसका शिष्य ब्रह्मदत्त माणवक अनेक

---

६. ब्रह्मजाल-सुत्त, दीघ-निकाय, सुत्त-पिटक।

प्रकार से बुद्ध, धर्म तथा संघ की प्रशंसा कर रहा है। इस प्रकार ये, शिष्य तथा आचार्य, दोनों परस्पर अत्यन्त विरोधी पक्ष का प्रतिपादन कर रहे हैं।''

तब भगवान् उन भिक्षुओं के वार्तालाप को जानकर उपस्थानशाला में गए, और बिछे हुए आसन पर उपासीन हुए।

उपासीन होकर भगवान ने भिक्षुओं को सम्बोधित किया : ''भिक्षुओ! अभी क्या बात चल रही थी, किस बात में लगे थे?''

इतना कहने पर उन भिक्षुओं ने भगवान् से यह कहा : ''भन्ते! रात ढल जाने पर प्रत्यूष के समय उठकर उपस्थानशाला में समुपासीन हम लोगों में यह बात चली—'आवुस! यह महान् आश्चर्य है और अद्भुत है कि सर्वविद्, सर्वद्रष्टा, अर्हत्, सम्यक्-सम्बुद्ध भगवान् जीवों के नाना अभिप्रायों को ठीक-ठीक जान लेते हैं। यही सुप्रिय परिव्राजक अनेक प्रकार से बुद्ध, धर्म तथा संघ की निन्दा कर रहा है, और उसका शिष्य ब्रह्मदत्त माणवक अनेक प्रकार से बुद्ध, धर्म तथा संघ की प्रशंसा कर रहा है। इस प्रकार वे, आचार्य तथा शिष्य, दोनों परस्पर अत्यन्त विरोधी पक्ष का प्रतिपादन कर रहे हैं। इस प्रकार ये पीछे-पीछे आ रहे हैं।' भन्ते! हम लोग यही बात कर रहे थे कि भगवान् पधारे।''

''भिक्षुओ! यदि कोई मेरी निन्दा करे, या धर्म की निन्दा करे, या संघ की निन्दा करे, तो तुम लोगों को न वैर, न असंतोष, न चित्त में कोप करना चाहिए।

''भिक्षुओ! यदि कोई मेरी, या धर्म की, या संघ की निन्दा करे, और तुम कुपित या खिन्न हो जाओ, तो इसमें तुम्हारी ही हानि है।

''भिक्षुओ! यदि कोई मेरी, या धर्म की, या संघ की निन्दा करे, तो क्या तुम लोग कुपित और खिन्न हो जाओगे, और इसकी जाँच भी न करोगे कि उन लोगों के कथन में क्या सत्य है, और क्या मिथ्या?''

''भन्ते! ऐसा नहीं।''

''भिक्षुओ! यदि कोई मेरी, या धर्म की, या संघ की निन्दा करे, तो तुम लोगों को सत्य तथा मिथ्या का पूरा पता लगाना चाहिए—'क्या यह ठीक नहीं है, यह असत्य है, क्या यह बात हम लोगों में नहीं है, यह बात हम लोगों में किंचित्मात्र नहीं है?'

''भिक्षुओ! और यदि कोई मेरी, या धर्म की, या संघ की प्रशंसा करे, तो तुम लोगों को न आनन्दित, न प्रसन्न, और न हर्षोत्फुल्ल हो जाना चाहिए।

''भिक्षुओ! यदि कोई मेरी या धर्म की, या संघ की प्रशंसा करे, और तुम लोग आनन्दित, प्रसन्न, और हर्षोत्फुल्ल हो जाओगे, तो इसमें तुम्हारी ही हानि है।

''भिक्षुओ! यदि कोई मेरी, या धर्म की, या संघ की प्रशंसा करे, तो तुम लोगों को सत्य और मिथ्या का पूरा पता लगाना चाहिए—'क्या यह बात ठीक है, यह बात सत्य है, क्या यह बात हम लोगों में है, और यथार्थ में है।'

उत्तम शील बुद्धत्व नहीं है

''भिक्षुओ! वे शील तो बहुत क्षुद्र और गौण है जिनके कारण पृथग्जन[७] मेरी प्रशंसा करते हैं। भिक्षुओ! वे क्षुद्र और गौण शील कौन-से हैं जिनके कारण पृथग्जन मेरी प्रशंसा करते हैं—'श्रमण गौतम जीवहिंसा को त्याग कर हिंसा से विरत रहता है। वह दण्ड तथा शस्त्र को त्यागकर लज्जावान, दयालु और सब जीवों का हित चाहने वाला है।'

''भिक्षुओ! अथवा पृथग्जन मेरी प्रशंसा इस प्रकार करते हैं—'श्रमण गौतम चोरी को त्याग कर चोरी से विरत रहता है। वह दत्तादायी है, दत्ताभिलाषी है, और इस प्रकार पवित्र आत्मावाला होकर विहार करता है।'

''भिक्षुओ! अथवा पृथग्जन मेरी प्रशंसा इस प्रकार करते हैं—'श्रमण गौतम व्यभिचार त्याग कर निकृष्ट स्त्री-संभोग से विरत रहता है।'

''भिक्षुओ! अथवा पृथग्जन मेरी प्रशंसा इस प्रकार करते हैं—'श्रमण गौतम मिथ्या-भाषण को त्याग कर मिथ्या-भाषण से विरत रहता है। वह सत्यवादी, सत्यव्रत, दृढ़वक्ता, विश्वास-पात्र एवं कथनी के अनुरूप करने वाला है।'

''भिक्षुओ! अथवा पृथग्जन मेरी प्रशंसा इस प्रकार करते हैं—'श्रमण गौतम पैशुन को त्याग कर पैशुन से विरत रहता है। वह विद्वेष उपजाने के लिए न इधर की बात उधर कहता है, न उधर की बात इधर; वरन् वह विद्वेषी लोगों को मिलाने वाला, मिले हुए लोगों के मेल को और भी दृढ़ करने वाला, एकता-प्रिय, एकता-रस, एकता से प्रसन्न होने वाला, एवं एकता स्थापित करने के लिए कहने वाला है।'

---

७. असंस्कृत एवं अनार्य (अनाड़ी) लोग।

''भिक्षुओ! अथवा पृथग्जन मेरी प्रशंसा इस प्रकार करते हैं—'श्रमण गौतम कठोर-भाषण को त्याग कर कठोर-भाषण से विरत रहता है। वह निर्दोष, मधुर, प्रेमपूर्ण, समाधानकारी, शिष्ट और बहुजन-प्रिय भाषण करने वाला है।'

''भिक्षुओ! अथवा पृथग्जन मेरी प्रशंसा इस प्रकार करते हैं—'श्रमण गौतम बकवाद को त्याग कर बकवाद से विरत रहता है। वह समयोचित बोलने वाला, यथार्थ-वक्ता, आवश्यकोचित वक्ता, धर्म और विनय की बात बोलनेवाला, तथा सारयुक्त बात कहने वाला है।'

''भिक्षुओ! अथवा पृथग्जन मेरी प्रशंसा इस प्रकार करते हैं—'श्रमण गौतम किसी बीज या प्राणी का नाश करने से विरत रहता है, एकाहारी है, तथा असमय भोजन, नृत्य, गीत, वाद्य एवं अश्लील हावभाव के दर्शन से विरत रहता है; श्रमण गौतम माला, गन्ध, विलेपन, अनुलेपन तथा अपने-आपको अलंकृत करने से विरत रहता है; श्रमण गौतम उच्चकाय और महार्घ शय्या से विरत रहता है; श्रमण गौतम अपक्व अन्न के ग्रहण से विरत रहता है; श्रमण गौतम अपक्व मांस के ग्रहण से विरत रहता है; श्रमण गौतम स्त्री एवं कुमारी के ग्रहण से विरत रहता है; श्रमण गौतम दास एवं दासी के ग्रहण से विरत रहता है; श्रमण गौतम कुक्कुट तथा शूकर के ग्रहण से विरत रहता है; श्रमण गौतम हस्ति, गो, अश्व तथा अश्वतरी के ग्रहण से विरत रहता है; श्रमण गौतम क्षेत्र तथा धन-धान्य के ग्रहण से विरत रहता है; श्रमण गौतम दूत का काम करने से विरत रहता है; श्रमण गौतम क्रय-विक्रय से विरत रहता है; श्रमण गौतम तुला, पल्ला और बाट द्वारा वंचना करने से विरत रहता है; श्रमण गौतम दलाली, ठगी, झूठा सोना-चाँदी बनाने के कुटिल काम, हाथ-पाँव काटने, वध करने, बंधन लगाने, लूटने-पाटने, तथा डकैती के काम से विरत रहता है।'

''भिक्षुओ! पृथग्जन तथागत की प्रशंसा इसी प्रकार करते हैं।''

मध्यम शील भी बुद्धत्व नहीं है

''भिक्षुओ! अथवा पृथग्जन मेरी प्रशंसा इस प्रकार करते हैं—'जिस प्रकार कितने ही श्रमण और ब्राह्मण, श्रद्धापूर्वक दिए गए भोजन को खाकर, इस प्रकार के सभी बीजों तथा सभी प्राणियों के नाश में रत रहते हैं, जैसे कि मूल-बीज, स्कन्ध-बीज, फल-बीज तथा पाँचवाँ अग्र-बीज, उस प्रकार श्रमण गौतम बीजों

और प्राणियों का नाश नहीं करता।'

''भिक्षुओ! अथवा पृथग्जन मेरी प्रशंसा इस प्रकार करते हैं—'जिस प्रकार कितने ही श्रमण और ब्राह्मण, श्रद्धापूर्वक दिए गए भोजन को खाकर, इस प्रकार के परिग्रह में रत रहते हैं, जैसे कि अन्न, पान, वस्त्र, वाहन, शय्या, गन्ध तथा वैसी ही अन्य वस्तुओं का परिग्रह, उस प्रकार श्रमण गौतम परिग्रह में रत नहीं रहता।'

''भिक्षुओ! अथवा पृथग्जन मेरी प्रशंसा इस प्रकार करते हैं—'जिस प्रकार कितने ही श्रमण और ब्राह्मण, श्रद्धापूर्वक दिए गए भोजन को खाकर, इस प्रकार के अनुचित दर्शन में रत रहते हैं, जैसे कि नृत्य, गीत, वाद्य, नाटक, लीला, ताली, ताल देना, घड़े पर तबला बजाना, गीत-मण्डली, लोहे की गोली की क्रीड़ा, बाँस की क्रीड़ा, धोपन, हस्ति-युद्ध, अश्व-युद्ध, महिष-युद्ध, वृषभ-युद्ध, बकरों का युद्ध, भेड़ों का युद्ध, मुर्गों का लड़ाना, बत्तकों का लड़ाना, लाठी की क्रीड़ा, मुष्टि-युद्ध, मल्ल-युद्ध, मार-पीट की क्रीड़ा, सेना, व्यूह रचना इत्यादि, उस प्रकार श्रमण गौतम अनुचित दर्शन में रत नहीं रहता।'

''भिक्षुओ! अथवा पृथग्जन मेरी प्रशंसा इस प्रकार करते हैं—'जिस प्रकार कितने ही श्रमण और ब्राह्मण, श्रद्धापूर्वक दिए गए भोजन को खाकर, द्यूत आदि क्रीड़ाओं के व्यसन में रत रहते हैं, जैसे कि अष्टपद, दशपद, आकाश, परिहार-पथ, सन्निक, खलिक, घटिक, शलाकाहस्त, अक्ष, पंगचिर, वंकक, मोक्षचिक, चिलिगुलिक, पत्ताल्हक, रथ-प्रतियोगिता, बाण-प्रतियोगिता, बुझौवल, अनुकरण इत्यादि, उस प्रकार श्रमण गौतम द्यूत आदि क्रीड़ाओं के व्यसन में रत नहीं रहता।'

''भिक्षुओ! अथवा पृथग्जन मेरी प्रशंसा इस प्रकार करते हैं—'जिस प्रकार कितने ही श्रमण और ब्राह्मण, श्रद्धापूर्वक दिए गए भोजन को खाकर, इस प्रकार की उच्चकाय और महार्घ शय्या पर शयन करते हैं, जैसे कि दीर्घ आसन, बड़े-बड़े रोमों वाला आसन, चित्रित आसन, उजला कम्बल, फूलदार आस्तरण, रजाई, गद्दा, सिंह-व्याघ्र आदि के चित्र वाला आसन, झालरदार आसन, काम किया हुआ आसन, लम्बी दरी, हाथी का आस्तरण, अश्व का आस्तरण, रथ का आस्तरण, कदली-मृग के चर्म का बना आसन, चँदवा-दार आसन, दोनों ओर तकिए लगा हुआ आसन इत्यादि, उस प्रकार श्रमण गौतम उच्चकाय और महार्घ

शय्या पर शयन नहीं करता।''

''भिक्षुओ! अथवा पृथग्जन मेरी प्रशंसा इस प्रकार करते हैं—'जिस प्रकार कितने ही श्रमण और ब्राह्मण, श्रद्धापूर्वक दिया गया भोजन खाकर, अपने-आपको अलंकृत करने में रत रहते हैं, जैसे कि उबटन लगवाना, शरीर को मलवाना, दूसरे के हाथ से नहाना, शरीर दबवाना, दर्पण, अंजन, माला, लेप, मुख-चूर्ण, मुख-लेप, हाथ के आभूषण, शिखा में कुछ बाँधना, छड़ी, तलवार, छाता, सुन्दर जूता, टोपी, मणि, चँवर, लम्बी-लम्बी झालरवाले स्वच्छ, उज्ज्वल वस्त्र इत्यादि, उस प्रकार श्रमण गौतम अपने-आपको अलंकृत करने में रत नहीं होता।'

''भिक्षुओ! अथवा पृथग्जन मेरी प्रशंसा इस प्रकार करते हैं—'जिस प्रकार कितने ही श्रमण और ब्राह्मण, श्रद्धापूर्वक दिया गया भोजन खाकर, इस प्रकार की व्यर्थ कथाओं में रत रहते हैं, जैसे कि राज-कथा, चोर-कथा, महामन्त्री-कथा, सेना-कथा, अन्न-कथा, पान-कथा, वस्त्र-कथा, शय्या-कथा, माला-कथा, गन्ध-कथा, जाति-कथा, रथ-कथा, ग्राम-कथा, निगम-कथा, नगर-कथा, जनपद-कथा, स्त्री-कथा, शूर-कथा, चौरस्ता-कथा, पनघट-कथा, पूर्व-प्रेम-कथा, संसार की विविध घटनाएँ, सामुद्रिक घटनाएँ तथा इसी प्रकार की इधर-उधर की जनश्रुतियाँ, उस प्रकार श्रमण गौतम व्यर्थ कथाओं में रत नहीं होता।'

''भिक्षुओ! अथवा पृथग्जन मेरी प्रशंसा इस प्रकार करते हैं—'जिस प्रकार कितने ही श्रमण और ब्राह्मण, श्रद्धापूर्वक दिया गया भोजन खाकर, इस प्रकार के वाद-विवाद में रत रहते हैं, जैसे कि तुम इस धर्म-विनय को नहीं जानते, मैं इस धर्म-विनय को जानता हूँ; तुम इस धर्म-विनय को क्या जानोगे; तुमने इसे ठीक-ठीक नहीं समझा है, मैं इसे ठीक-ठीक समझता हूँ; मैं धर्मानुकूल कहता हूँ, तुम धर्म-विरुद्ध कहते हो; जो पहिले कहना चाहिए उसे तुमने पीछे कह दिया, और जो पीछे कहना चाहिए था उसको तुमने पहिले कह दिया; बात कट गई, तुम पर दोषारोपण हो गया, तुम पकड़े गए, इस आपत्ति से छूटने का यत्न करो, यदि समर्थ हो तो उत्तर दो इत्यादि, उस प्रकार श्रमण गौतम वाद-विवाद में रत नहीं होता।'

''भिक्षुओ! अथवा पृथग्जन मेरी प्रशंसा इस प्रकार करते हैं—'जिस प्रकार

कितने ही श्रमण और ब्राह्मण, श्रद्धापूर्वक दिया गया भोजन खाकर, राजा का, महामात्य का, श्रत्रिय का, बाह्मण का, गृहपति का, कुमार का, दौत्यकर्म करते फिरते हैं—वहाँ जाओ, यहाँ आओ, यह लाओ, यह वहाँ ले जाओ, इत्यादि—उस प्रकार श्रमण गौतम दूत का काम नहीं करता।'

''भिक्षुओ! अथवा पृथग्जन मेरी प्रशंसा इस प्रकार करते हैं—'जिस प्रकार कितने ही श्रमण और ब्राह्मण, श्रद्धापूर्वक दिया गया भोजन खाकर पाखंड़ी, वंचक, बकवादी, ज्योतिष की आजीविका करने वाले, जादू-मन्त्र दिखाने वाले, तथा लाभ से लाभ की खोज करने वाले होते हैं, वैसा श्रमण गौतम नहीं है।'

अधम शील भी बुद्धत्व नहीं है

''भिक्षुओ! जिस प्रकार कितने ही श्रमण और ब्राह्मण, श्रद्धापूर्वक दिया गया भोजन खाकर, इस प्रकार की हीन विद्या से जीवन बिताते हैं, जैसे कि अंग-विद्या, उत्पाद-विद्या, स्वप्न-विद्या, लक्षण-विद्या, मूषिकविष-विद्या, अग्नि-होम, दर्वी-होम, तुष-होम, कण-होम, तण्डुल-होम, घृत-होम, तैल-होम, मुख में घी लेकर कुल्ले से होम, रुधिर-होम, वास्तु-विद्या, क्षेत्र-विद्या, शिव-विद्या, भूत-विद्या, भूरि-विद्या, सर्प-विद्या, विष-विद्या, बिच्छू के झाड़-फूँक की विद्या, मूषिक-विद्या, पक्षि-विद्या, शरीर-परित्राण, और मृग-चक्र, श्रमण गौतम उस प्रकार की हीन विद्या से निन्दित जीवन नहीं बिताता।

''भिक्षुओ! अथवा जिस प्रकार कितने ही श्रमण और ब्राह्मण, श्रद्धापूर्वक दिया गया भोजन खाकर, इस प्रकार की हीन विद्या से निन्दित जीवन बिताते हैं, जैसे कि मणि-लक्षण, वस्त्र-लक्षण, दण्ड-लक्षण, असि-लक्षण, वाण-लक्षण, धनुष-लक्षण, आयुध-लक्षण, स्त्री-लक्षण, पुरुष-लक्षण, कुमार-लक्षण, कुमारी-लक्षण, दास-लक्षण, दासी-लक्षण, हस्ति-लक्षण, अश्व-लक्षण, महिष-लक्षण, वृषभ-लक्षण, गो-लक्षण, अज-लक्षण, मेष-लक्षण, कुक्कुट-लक्षण, हंस-लक्षण, गोधा-लक्षण, कर्णिक-लक्षण, कच्छप-लक्षण, और मृग-लक्षण, श्रमण गौतम उस प्रकार की हीन विद्या से निन्दित जीवन नहीं बिताता।''

''भिक्षुओ! अथवा जिस प्रकार कितने ही श्रमण और ब्राह्मण, श्रद्धापूर्वक दिया गया भोजन खाकर, इस प्रकार की हीन विद्या से निन्दित जीवन बिताते हैं,

जैसे कि राजा बाहर निकल जाएगा, नहीं निकल जाएगा; यहाँ का राजा बाहर निकल जाएगा, बाहर का राजा यहाँ आएगा; यहाँ के राजा की विजय होगी, और बाहर के राजा की पराजय होगी; यहाँ के राजा की पराजय होगी, और बाहर के राजा की विजय होगी; इसकी जय होगी और उसकी पराजय, श्रमण गौतम उस प्रकार की हीन विद्या से निन्दित जीवन नहीं बिताता।''

''भिक्षुओ! अथवा जिस प्रकार कितने ही श्रमण और ब्राह्मण, श्रद्धापूर्वक दिया गया भोजन खाकर, इस प्रकार की हीन विद्या से निन्दित जीवन बिताते हैं, जैसे कि चन्द्र-ग्रहण होगा, सूर्य-ग्रहण होगा, नक्षत्र-ग्रहण होगा, चन्द्र और सूर्य अपने मार्ग पर नहीं रहेंगे, चन्द्र और सूर्य अपने मार्ग पर से दूसरे मार्ग पर चले जाएँगे, नक्षत्र अपने मार्ग पर रहेगा, नक्षत्र अपने मार्ग से हट जाएगा, उल्का-पात होगा, दिशा-दाह होगा, भूकम्प होगा, सूखा बादल गरजेगा, चन्द्र तथा सूर्य तथा नक्षत्रों का उदय-अस्त सदोष होगा अथवा निर्दोष होगा; चन्द्र-ग्रहण का फल यह होगा, सूर्य-ग्रहण का फल यह होगा, नक्षत्र-ग्रहण का फल यह होगा, चन्द्र तथा सूर्य तथा नक्षत्र के उदय-अस्त सदोष अथवा निर्दोष होने से यह फल होगा, श्रमण गौतम उस प्रकार की हीन विद्या से निन्दित जीवन नहीं बिताता।''

''भिक्षुओ! अथवा जिस प्रकार कितने ही श्रमण और ब्राह्मण, श्रद्धापूर्वक दिया गया भोजन खाकर, इस प्रकार की हीन विद्या से निन्दित जीवन बिताते हैं, जैसे कि अच्छी वृष्टि होगी, बुरी वृष्टि होगी, सस्ता होगा, महंगा होगा, कुशल होगा, भय होगा, रोग होगा, आरोग्य होगा, हस्तरेखा-विद्या, गणना, कविता-पाठ इत्यादि, श्रवण गौतम उस प्रकार की हीन विद्या से निन्दित जीवन नहीं बिताता।

''भिक्षुओ! अथवा जिस प्रकार कितने ही श्रमण और ब्राह्मण, श्रद्धापूर्वक दिया गया भोजन खाकर, हीन विद्या से निन्दित जीवन बिताते हैं, जैसे कि सगाई-विवाह के लिए उचित नक्षत्र बतलाना, विवाह-विच्छेद के लिए उचित नक्षत्र बतलाना, उधार या ऋण में दिये गए रुपयों को वसूल करने के लिए उचित नक्षत्र बतलाना, उधार या ऋण देने के लिए उचित नक्षत्र बतलाना, सजना-धजना, गर्भ नष्ट करना, गर्भ-पुष्टि करना, मन्त्रबल से जिह्वा को बाँध देना, मन्त्रबल से ठुड्डी को बाँध देना, मन्त्रबल से दूसरे के हाथ को उलट देना, मन्त्रबल से दूसरे के कान को बहरा बना देना, मन्त्रबल से दर्पण पर देवता बुलाकर प्रश्न पूछना, कुमारी के शरीर पर और देव-वाहिनी के शरीर पर देवता

बुलाकर प्रश्न पूछना, सूर्य-पूजा, महाब्रह्म-पूजा, मन्त्रबल से मुँह में अग्नि निकालना, श्रमण गौतम उस प्रकार की हीन विद्या से निन्दित जीवन नहीं बिताता।

"भिक्षुओ! अथवा जिस प्रकार कितने ही श्रमण और ब्राह्मण, श्रद्धापूर्वक दिया गया भोजन खाकर, हीन विद्या से निन्दित जीवन बिताते हैं, जैसे कि मिन्नत मनाना, मिन्नत पूरी करना, मन्त्र का अभ्यास करना, मन्त्रबल से पुरुष को नपुंसक और नपुंसक को पुरुष बनाना, इन्द्रजाल, बलि-कर्म, आचमन, स्नान-कर्म, अग्निहोत्र, दवा देकर वमन, विरेचन, ऊर्ध्वविरेचन, शिरोविरेचन करवाना, कान में डालने के लिए तेल तैयार करना, आँख के लिए तेल तैयार करना, नाक में तेल देकर छिंकवाना, अंजन तैयार करना, शस्त्र-क्रिया की चिकित्सा करना, वैद्य-कर्म करना, श्रमण गौतम उस प्रकार की हीन विद्या से निन्दित जीवन नहीं बिताता।

"भिक्षुओ! ये शील तो बहुत श्रुद्र और गौण हैं जिनके कारण पृथग्जन मेरी प्रशंसा करते हैं।

"भिक्षुओ! और दूसरे धर्म हैं, जो गम्भीर, दुर्ज्ञेय, दुरनुबोध, शान्त, सुन्दर, अतर्कावचर, निपुण (पुरुषों) और पण्डितों द्वारा जानने योग्य हैं, जिन्हें तथागत स्वयं जानकर और साक्षात् करके कहते हैं, जिन्हें तथागत के यथार्थ गुण को यथातथ कहने वाले कहते हैं।

"भिक्षुओ! वे गम्भीर, दुर्ज्ञेय, दुरनुबोध, शान्त, सुन्दर, अतर्कावचर, निपुण (पुरुषों) और पण्डितों द्वारा समझने योग्य धर्म, जिन्हें तथागत स्वयं जानकर और देखकर कहते हैं, और जिन्हें तथागत के यथार्थ गुण को यथातथ जानने वाले कहते हैं, कौन से हैं?

"भिक्षुओं! कितने ही श्रमण और ब्राह्मण हैं, जो अठारह कारणों से पूर्वान्त-कल्पिक[८], पूर्वान्त मत को मानने वाले, और पूर्वान्त के आधार पर अनेक व्यावहारिक शब्दों का प्रयोग करने वाले हैं...

"भिक्षुओ! उन दृष्टि-स्थानों के प्रकार, विचार, गति और भविष्य क्या हैं

---

८. पूर्वान्त-कल्पिक का अर्थ है, संसार और जीव इत्यादि अतीत में कैसे थे और क्योंकर हुए, इत्यादि वितण्डावादी धारणाएँ।

(सो) तथागत को विदित हैं। तथागत उन्हें और उनसे भी अधिक जानते हैं, जानते हुए भी अभिमान नहीं करते—'मैं इतना जानता हूँ', अभिमान नहीं करते हुए वे निवृत्ति को जान लेते हैं, वेदनाओं के समुदय, उपशम, आस्वाद, दोष और नि:सरण को यथार्थतः जानकर तथागत उपादान से मुक्त होते हैं...

"भिक्षुओ! कितने ही श्रमण और ब्राह्मण हैं, जो चवालीस कारणों से अपरान्त-कल्पिक[९], अपरान्त मत को मानने वाले, अपरान्त के आधार पर अनेक व्यावहारिक शब्दों का प्रयोग करने वाले हैं...

"भिक्षुओ! तथागत उन सभी कारणों को जानते हैं, उन कारणों के प्रमाण और प्रकार को जानते हैं, और उससे भी अधिक जानते हैं। जान कर भी, 'मैं जानता हूँ', ऐसा अभिमान नहीं करते...

"भिक्षुओ! जो श्रमण और ब्राह्मण इन बासठ कारणों से पूर्वान्त-कल्पिक और अपरान्त-कल्पिक, पूर्वान्त और अपरान्त को मानने वाले, पूर्वान्त और अपरान्त के आधार पर अनेक प्रकार के व्यावहारिक शब्दों का प्रयोग करने वाले हैं, वह सभी, सांसारिक वेदनाओं को भोगने वाले तथा तृष्णा से विमुग्ध, उन अज्ञ श्रमणों तथा ब्राह्मणों की चंचलतामात्र है...

"भिक्षुओ! वे सभी श्रमण और ब्राह्मण इन्हीं बासठ कारणों के जाल में फँस कर वहीं बँधे रहते हैं। भिक्षुओं! जैसे कोई दक्ष मत्स्यजीवी, या मत्स्यजीवी का पुत्र, छोटे-छोटे छेदों वाले जाल से जलाशय को टटोले। उसके मन में ऐसा हो—'इस जलाशय में जो अच्छी-अच्छी मछलियाँ हैं (वे) सभी जाल में फँस कर बँध गई हैं...'

: ४ :

...तब[१०] राजा मागध अजातशत्रु वैदेहीपुत्र ने भगवान् का अभिवादन किया। भगवान् का अभिवादन करके और भिक्षुसंघ को हाथ जोड़कर वह एक ओर बैठ गया। एक ओर बैठकर राजा मागध अजातशत्रु वैदेहीपुत्र ने भगवान् से कहा : "भन्ते! मैं आपसे कुछ पूछना चाहता हूँ। सो भगवान् कृपा करके प्रश्न

---

९. अपरान्त-कल्पिक का अर्थ है, संसार और जीव इत्यादि भविष्य में कैसे होंगे, इत्यादि वितण्डावादी धारणाएँ।

१०. सामञ्जफल-सुत्त, दीघ-निकाय, सुत्त-पिटक।

पूछने की अनुमति दें।"

"महाराज! जो चाहो सो पूछो।"

"भन्ते! ये भिन्न-भिन्न शिल्प-स्थान हैं, जैसे कि हस्ति-आरोहण, अश्वारोहण, रथिक, धनुर्ग्राह, युद्धध्वज-धारण, व्यूह-रचना, पिंडदायिक, वीर राजपुत्र, महानाग-शूर, चर्म-योद्धा, दासपुत्र, सूद, नापित, स्नापक, पाचक, मालाकार, रजक, पेशकार, नलकार, कुम्भकार, गणक, मुद्रिक। तथा जो अन्य भी इसी प्रकार के भिन्न-भिन्न शिल्प हैं, उनके शिल्प-फल से लोग इसी शरीर के रहते हुए प्रत्यक्ष जीविका करते हैं, उससे अपने-आपको सुखी करते हैं, तृप्त करते हैं; पुत्र और स्त्री को सुखी करते हैं, तृप्त करते हैं; मित्र तथा अमात्यों को सुखी करते हैं, तृप्त करते हैं; श्रमण-ब्राह्मणों के लिए दान स्थापित करते हैं जो ऊपर ले जाने वाला, सुख-विपाक वाला, स्वर्गमार्गीय है। क्या, भन्ते! श्रामण्य का फल भी इसी जन्म में प्रत्यक्ष बतलाया जा सकता है?"

"महाराज! इस प्रश्न को अन्य श्रमण-ब्राह्मणों से पूछकर भी जाना है?"

"भन्ते! जाना है..."

"यदि तुम्हें भारी न हो तो, महाराज! कहो, उन्होंने किस प्रकार उत्तर दिया था?"

"भन्ते! मुझे भारी नहीं है, जबकि भगवान् अथवा भगवान् के समान कोई बैठा हो।"

"तो, महाराज! कहो।"

(१) पूर्ण काश्यप का मत: अक्रियावाद

"भन्ते! एक बार मैं वहाँ गया जहाँ पूर्ण काश्यप थे... पूर्ण काश्यप ने मुझसे कहा : 'महाराज! करते करवाते, छेदन करते छेदन करवाते, पकाते पकवाते, शोक करते, परेशान होते परेशान करवाते, चलते-चलाते, प्राण मारते, बिना दिया हुआ लेते, सेंध लगाते, गाँव लूटते, चोरी करते, बटमारी करते, परस्त्रीगमन करते, झूठ बोलते भी, पाप नहीं लगता। छुरे के समान तीक्ष्ण चक्र द्वारा यदि (कोई पुरुष) इस पृथिवी के प्राणियों को एक माँस का खलियान, एक माँस का पुंज बना दे, तो इसके कारण उसको पाप नहीं होगा, पाप का आगम नहीं होगा। यदि हत्या करते-करवाते, काटते-कटवाते, पकाते-पकवाते,

गंगा के दक्षिण तीर पर भी जाए, तो भी इसके कारण उसको पाप नहीं होगा, पाप का आगम नहीं होगा। यदि दान देते, दान दिलवाते, यज्ञ करते, यज्ञ करवाते, गंगा के उत्तर तीर पर भी जाए, तो इसके कारण उसको पुण्य नहीं होगा, पुण्य का आगम नहीं होगा। दान, दम, संयम से, सत्य बोलने से, न पुण्य है, न पुण्य का आगम है।'

"इस प्रकार, भन्ते! पूर्ण काश्यप ने मेरे द्वारा श्रामण्य का प्रत्यक्ष फल पूछे जाने पर **अक्रिया** वर्णन की। जैसे कि भन्ते! पूछे आम, उत्तर दे कटहल; पूछे कटहल, उत्तर दे आम...सो मैंने, भन्ते! पूर्ण काश्यप के कथन का न तो अभिनन्दन किया, न उसकी निन्दा की...उस कथन को स्वीकार न करके, उसका विचार न करके, मैं आसन से उठकर चला आया।"

(२) मक्खलि गोसाल का मत : दैववाद

"भन्ते! एक दिन मैं वहाँ गया जहाँ मक्खलि गोसाल थे...मक्खलि गोसाल ने यह उत्तर दिया : 'महाराज! प्राणियों के क्लेश का हेतु नहीं है, प्रत्यय नहीं है। बिना हेतु के, बिना प्रत्यय के ही प्राणी क्लेश पाते हैं। प्राणियों की शुद्धि का कोई हेतु नहीं है, प्रत्यय नहीं है। बिना हेतु के और बिना प्रत्यय के प्राणी शुद्ध होते हैं। आत्मीय कुछ नहीं कर सकते। परजन भी कुछ नहीं कर सकते। पुरुष भी कुछ नहीं कर सकता। बल नहीं है, वीर्य नहीं है, पुरुष का कोई पराक्रम नहीं है। सत्व, सभी प्राणी, सभी भूत, सभी जीव आत्मवश नहीं हैं। निर्बल, सभी निर्वीर्य, वे भाग्य एवं संयोग के फेर से छः जातियों में सुख और दुःख भोगते हैं। वे प्रमुख योनियाँ चौदह लाख-छः-हजार-छः-सौ हैं। पाँच-सौ-पाँच कर्म हैं, तीन अर्ध-कर्म हैं, बासठ प्रतिपद हैं, बासठ अन्तर-कल्प हैं, छः अभिजातियाँ हैं, आठ पुरुष-भूमियाँ हैं, उन्नीस-सौ आजीवक हैं, उनचास-सौ परिव्राजक हैं, उनचास-सौ नाग-लोक हैं, बीस-सौ इन्द्रियाँ हैं, तीस-सौ नरक हैं, छत्तीस रजोधातु हैं, सात संज्ञी गर्भ हैं, सात असंज्ञी गर्भ हैं, सात निर्ग्रन्थ गर्भ हैं, सात देव हैं, सात मनुष्य हैं, सात पिशाच हैं, सात स्वर हैं, सात-सौ-सात ग्रन्थियाँ हैं, सात-सौ-सात प्रपात हैं, सात-सौ-सात स्वप्न हैं, और अस्सी लाख छोटे-बड़े कल्प हैं—जिनको जानकर और जिनका अनुगमन करके मूर्ख और पण्डित दुःखों का अन्त कर सकते हैं। वहाँ यह नहीं है—इस

शील अथवा व्रत अथवा तप अथवा ब्रह्मचर्य से मैं अपरिपक्व कर्म को पक्व करूँगा, परिपक्व कर्म को भोगकर क्षीण करूँगा। सुख और दुःख द्रोणी से तुले हुए हैं। संसार में वृद्धि-क्षय, उत्कर्ष-अपकर्ष नहीं होता। जैसे सूत की गोली फेंकने पर उछलती हुई गिरती है, वैसे ही मूर्ख तथा पण्डित धावमान होकर, आवागमन में पड़कर, दुःख का अन्त करेंगे।'

"भन्ते! श्रामण्य का प्रत्यक्ष फल पूछे जाने पर मक्खलि गोसाल ने इस प्रकार संसार की शुद्धि का उपाय बतलाया। जैसे पूछे आम, उत्तर दे कटहल; पूछे कटहल, उत्तर दे आम... भन्ते! सो मैंने मक्खलि गोसाल के कथन का न तो अभिनन्दन किया, न उसकी निन्दा की... उस बात को स्वीकार न करके, उसका विचार न करके, मैं आसन से उठकर चला आया।"

(३) अजित केशकम्बल का मत : उच्छेदवाद

"भन्ते! एक दिन मैं वहाँ गया जहाँ अजित केशकम्बल थे... भन्ते! अजित केशकम्बल ने यह उत्तर दिया : 'महाराज! न दान है, न यज्ञ है, न होम है, न पुण्य अथवा पाप का शुभ-अशुभ फल होता है, न यह लोक है, न परलोक है, न माता है, न पिता है, न देवता है। और न इस लोक में ऐसे ज्ञानवान् तथा समर्थ श्रमण अथवा ब्राह्मण हैं, जो इस लोक तथा परलोक को स्वयं जानकर और देखकर बतलाएँ। मनुष्य चार महाभूतों से मिलकर बना है। मनुष्य जब मरता है तब पृथिवी महापृथिवी में लीन हो जाती है, जल महाजल में लीन हो जाता है, तेज महातेज में लीन हो जाता है, वायु महावायु में लीन हो जाता है, और इन्द्रियाँ आकाश में लीन हो जाती हैं। लोग मरे हुए मनुष्य को खाट पर रखकर ले जाते हैं, उसकी निन्दा-स्तुति करते हैं। (उसकी) अस्थियाँ कबूतर के समान उजली होकर बिखर जाती हैं, और सब-कुछ भस्म हो जाता है। मूर्ख लोग जो दान देते हैं, उसका कोई फल नहीं होता। आस्तिकवाद मिथ्या है। मूर्ख तथा पण्डित, सभी के शरीर नष्ट होते हैं, उच्छेद को प्राप्त हो जाते हैं। मरने के उपरान्त कोई नहीं रहता।'

"भन्ते! श्रामण्य का प्रत्यक्ष फल पूछने पर अजित केशकम्बल ने उच्छेदवाद का विस्तार किया। भन्ते! जैसे पूछे आम, उत्तर दे कटहल; पूछे कटहल, उत्तर दे आम... सो, भन्ते! मैंने अजित केशकम्बल के कथन का न तो

अभिनन्दन किया, और न उसकी निन्दा की...उस बात को स्वीकार न करके, उसका विचार न करके, मैं आसन से उठकर चला आया।''

(४) प्रक्रुध कात्यायन का मत : अकृतत्ववाद

''भन्ते! एक दिन मैं वहाँ गया जहाँ प्रक्रुध कात्यायन थे...भन्ते! प्रक्रुध कात्यायन ने यह उत्तर दिया : 'महाराज! ये सात काय अकृतविध, अनिर्मित, निर्माण-रहित, अवध्य, कूटस्थ, स्तम्भवत् हैं। ये चलायमान नहीं होते, विकार को प्राप्त नहीं होते, न एक-दूसरे को हानि पहुँचाते हैं, न एक-दूसरे के सुख अथवा दुःख अथवा सुख-दुःख के लिए पर्याप्त हैं। कौन से सात? पृथिवी-काय, आप-काय, तेज-काय, वायु-काय, सुख, दुःख और जीवन—ये सात...यहाँ न मारने वाला है, न मरवाने वाला है, न सुनने वाला, न सुनाने वाला, न जानने वाला, न जतलाने वाला। जो तीक्ष्ण शस्त्र से शीश भी काटे, (तो भी) कोई किसी को प्राण से नहीं मारता। सातों कायों से अलग रिक्त स्थान में शस्त्र गिरता है।'

''इस प्रकार, भन्ते! श्रामण्य का प्रत्यक्ष फल पूछे जाने पर प्रक्रुध कात्यायन ने दूसरी ही इधर-उधर की बातें बनाईं। भन्ते! जैसे पूछे आम, उत्तर दे कटहल; पूछे कटहल, उत्तर दे आम...सो भन्ते! मैंने प्रक्रुध कात्यायन के कथन का न तो अभिनन्दन किया, न उसकी निन्दा की...उस बात को स्वीकार न करके, उसका विचार न करके, मैं आसन से उठकर चला आया।''

(५) निगण्ठ नाथपुत्त[११] का मत : चातुर्याम संवर

''भन्ते! एक दिन मैं वहाँ गया जहाँ निगण्ठ नाथपुत्त थे...निगण्ठ नाथपुत्त ने यह उत्तर दिया : 'महाराज! निगण्ठ चार संवरों से संवृत रहता है। महाराज! निगण्ठ चार संवरों से कैसे संवृत रहता है? महाराज! निगंठ जल के व्यवहार का वारण करता है। सभी पापों का वारण करता है। सभी पापों का वारण करने से धुतपाप होता है। सभी पापों का वारण करने में रत रहता है। महाराज! निगण्ठ इस प्रकार चार संवरो से संवृत रहता है। महाराज! क्योंकि निगण्ठ इन

११. चौवीसवें जैन तीर्थङ्कर भगवान् महावीर।

चार संवरों से संवृत रहता है, इसीलिए वह निर्ग्रन्थ, यतात्मा और स्थितात्मा कहलाता है।'

''भन्ते! श्रामण्य का प्रत्यक्ष फल पूछने पर निगण्ठ नाथपुत्त ने **चार संवरों** का वर्णन किया। भन्ते! जैसे पूछे आम, उत्तर दे कटहल; पूछे कटहल, उत्तर दे आम... भन्ते! मैंने निगण्ठ नाथपुत्त के कथन का न तो अभिनन्दन किया, न उसकी निन्दा की... उस बात को स्वीकार न करके, उसका विचार न करके, मैं आसन से उठकर चला आया।''

(६) संजय वेलट्ठिपुत्त का मत : अनिश्चितत्ववाद

''भन्ते! एक दिन मैं वहीं गया जहाँ संजय वेलट्ठिपुत्त थे... भन्ते! संजय वेलट्ठिपुत्त ने यह उत्तर दिया: 'महाराज! यदि आप पूछें, क्या परलोक है? और मैं समझूँ कि परलोक है, तो मैं आपको बतलाऊँ कि परलोक है। मैं ऐसा भी नहीं कहता, मैं वैसा भी नहीं कहता, मैं दूसरी तरह से भी नहीं कहता। मैं यह भी नहीं कहता कि 'यह नहीं है', मैं यह भी नहीं कहता कि 'यह नहीं नहीं है'। परलोक नहीं है, यह मैं नहीं कहता। परलोक है भी और नहीं भी है, यह मैं नहीं कहता। परलोक न है और न नहीं है, यह भी मैं नहीं कहता। अयोनिज प्राणी हैं, यह मैं नहीं कहता। अयोनिज प्राणी नहीं हैं, हैं भी और नहीं भी हैं, न हैं और न नहीं है, यह भी मैं नहीं कहता। शुभ-अशुभ कर्मों के फल हैं, हैं भी और नहीं भी हैं, न हैं और न नहीं है, यह भी मैं नहीं कहता। तथागत मरने के उपरान्त होते हैं, नहीं होते, होते हैं और नहीं भी होते, न होते हैं न नहीं होते, यह भी मैं नहीं कहता। यदि मुझसे ऐसा पूछें और मैं ऐसा समझूँ कि मरने के उपरान्त तथागत न रहते हैं, न नहीं रहते, तो मैं आपको ऐसा कहूँ। मैं ऐसा भी नहीं कहता, मैं वैसा भी नहीं कहता, मैं दूसरी तरह से भी नहीं कहता'

''भन्ते! श्रामण्य का प्रत्यक्ष फल पूछे जाने पर संजय वेलट्ठिपुत्त ने कोई निश्चित बात नहीं कही। भन्ते! जैसे पूछे आम, उत्तर दे कटहल; पूछे कटहल, उत्तर दे आम... भन्ते! मैंने संजय वेलट्ठिपुत्त के कथन का न तो अभिनन्दन किया, न उसकी निन्दा की... भन्ते! उस बात को स्वीकार न करके, उसका विचार न करके, मैं आसन से उठकर चला आया।'

''सो, भन्ते! मैं भगवान् से पूछता हूँ—क्या श्रामण्य का फल भी इसी जन्म

में प्रत्यक्ष बतलाया जा सकता है?"...

"महाराज! जब संसार में तथागत... उत्पन्न होते हैं (तो वे)... स्वयं जाने हुए, देखे हुए धर्म का उपदेश देते हैं... उस धर्म को गृहपति अथवा गृहपति का पुत्र अथवा किसी अन्य कुल में उत्पन्न पुरुष सुनता है। वह उस धर्म को सुनकर तथागत के प्रति श्रद्धालु हो जाता है। श्रद्धालु होकर ऐसा विचार करता है—'गृहस्थ-जीवन बाधा और राग से युक्त है और प्रव्रज्या सर्वथा स्वच्छन्द खुला हुआ स्थान है। गृहस्थ में रहने वाला पूर्ण परिशुद्ध तथा खरादे हुए शंख से निर्मल ब्रह्मचर्य का पालन नहीं कर सकता। इसलिए मैं केशश्मश्रु मुँडवाकर, काषाय वस्त्र धारण करके, घर से बेघर होकर, प्रव्रजित क्यों न हो जाऊँ?' अन्य समय वह अल्प अथवा अधिक भोग की सामग्रियों को त्याग कर, जाति के बन्धन को तोड़कर... प्रव्रजित हो जाता है।

"प्रव्रजित होकर वह, प्रातिमोक्ष के नियमों[१२] को यथातथ पालन करता हुआ, विहार करता है। आचार-गोचर से मुक्त होकर, क्षुद्र पाप से भी डरने वाला, काय और वचन के कर्म से संयुक्त, शुद्ध जीविका करता हुआ, शीलसम्पन्न, इन्द्रिय-संयमी, भोजन की मात्रा जानने वाला, स्मृतिवान्, सावधान और सन्तुष्ट रहता है।...

"महाराज! इस प्रकार शील से सम्पन्न होकर वह भिक्षु इस शील-संवर के कारण कहीं से भी भय नहीं देखता। जैसे, महाराज! कोई मूर्धाभिषिक्त क्षत्रिय राजा, सभी शत्रुओं को जीतकर, कहीं से, किसी शत्रु से भयभीत नहीं होता, वैसे ही, महाराज! भिक्षु, इस प्रकार शील-सम्पन्न होकर, इस शील-संवर के कारण, कहीं से भी भय नहीं खाता। वह इस शील का पालन करने से अपने अन्तर में निर्दोष सुख का अनुभव करता है।...

"महाराज! जैसे ऋण, रोग, काराबन्ध, दासता और कान्तार-यात्रा, वैसे ही भिक्षु अपने में वर्तमान पाँच नीवरणों[१३] को देखता है। जैसे, महाराज! ऋण से

---

१२. प्रातिमोक्ष के नियम वे नियम हैं जो भिक्षु-संघ के प्रत्येक भिक्षु को निभाने पड़ते हैं। इन नियमों का विशद वर्णन विनय-पिटक में उपलब्ध है।

१३. नीवरण पाँच हैं: अभिध्या अर्थात् लोभ, लोलुपता। व्यापाद अर्थात् हिंसा। स्त्यानमृद्ध अर्थात् चित्त तथा काया का आलस्य। औद्धत्य-कौकृत्य अर्थात् चित्त का संवेग तथा कुकर्म। विचिकित्सा अर्थात् संशय।

मुक्त होना, नीरोग होना, कारागार से मुक्त होना, स्वतन्त्र होना, और कान्तार पार करना, वैसे ही महाराज! भिक्षु इन पाँच नीवरणों को अपने में नष्ट हो गया देखता है।

समाधि

"इन नीवरणों को अपने में नष्ट देखने पर, प्रमोद उत्पन्न होता है। प्रमुदित होने से प्रीति उत्पन्न होती है। प्रीति के उत्पन्न होने से काया शान्त होती है। काया के शान्त होने से उसे सुख होता है। सुख के उत्पन्न होने से चित्त समाहित होता है। वह काम-भोगों को छोड़कर, पापों को छोड़कर, सवितर्क, सविचार तथा विवेक से उत्पन्न, प्रीति-सुख-संयुक्त **प्रथम ध्यान** को प्राप्त करके विहार करता है। वह इस काया को विवेक से उत्पन्न प्रीति-सुख द्वारा सींचता है, भिगोता है, पूर्ण करता है, और चारों ओर व्याप्त करता है। उसकी काया का कोई भी भाग विवेक से उत्पन्न उस प्रीति-सुख द्वारा अव्याप्त नहीं रहता।

"जैसे, महाराज! कोई नापित अथवा नापित-शिष्य स्नान-चूर्ण को काँसी की थाली में रखकर, पानी से शनैः-शनैः सींचे। स्नानचूर्ण का वह पिण्ड तेल द्वारा अनुगत हो, बाहर और भीतर से व्याप्त हो, (किन्तु) चूवे नहीं...

"महाराज! यह भी श्रामण्य का प्रत्यक्ष फल है। पहले जो श्रामण्य-फल कहे गए हैं, यह उनसे भी बढ़कर, प्रशस्ततर है।

"और फिर, महाराज! वितर्क तथा विचार के निरुद्ध हो जाने पर, आन्तरिक प्रसाद तथा चित्त की एकाग्रता से युक्त किन्तु वितर्क तथा विचार से रहित, समाधि द्वारा उत्पन्न, प्रीति-सुख-संयुक्त **द्वितीय ध्यान** को प्राप्त होकर विहार करता है। वह इस काया को समाधि द्वारा उत्पन्न प्रीति-सुख से सींचता है, भिगोता है, पूर्ण करता है, और चारों ओर व्याप्त करता है। उसकी काया का कोई भी भाग प्रीति-सुख द्वारा अव्याप्त नहीं रहता।

"जैसे, महाराज! कोई जलाशय गम्भीर और गूढ़स्रोत हो। न उसकी पूर्व दिशा में जल के आने का कोई मार्ग हो, न दक्षिण दिशा में...न पश्चिम दिशा में, न उत्तर दिशा में। वर्षा की धारा भी समय-समय पर आकर उसमें न गिरे। और उस जलाशय में शीतल जल की धारा फूटकर उस जलाशय को शीतल जल से भर दे...और उस जलाशय का कोई भी भाग शीतल जल से रहित न

रहे...

"महाराज! यह भी श्रामण्य का प्रत्यक्ष फल है। यह पहले कहे गए श्रामण्य-फल से भी बढ़कर, प्रशस्ततर है।

"और फिर, महाराज! भिक्षु प्रीति तथा विराग के प्रति भी उपेक्षायुक्त होकर, स्मृति तथा सम्प्रजन्य से युक्त होकर विहार करता है। और काया के द्वारा सभी आर्योक्त सुखों का अनुभव करता है। और उपेक्षा-सहित, स्मृतिमान् तथा सुख-विहार-संयुक्त **तृतीय ध्यान** को प्राप्त होकर विहार करता है। वह इस काया को प्रीति-रहित सुख से सींचता है, भिगोता है, पूर्ण करता है, और चारों और से व्याप्त करता है। उसकी काया का कोई भी भाग उस प्रीति-रहित सुख से अव्याप्त नहीं रहता।

"जैसे, महाराज! उत्पल-समुदाय अथवा पद्म-समुदाय अथवा पुण्डरीक-समुदाय में कोई-कोई नील-कमल अथवा रक्त-कमल अथवा श्वेत-कमल, जल में ही उत्पन्न हो, जल मे ही वृद्ध हो, जल के ही भीतर रहे, और जल के भीतर ही पुष्ट हो, और ऊपर तक शीतल जल से व्याप्त हो... उसका कोई भी भाग शीतल जल से अव्याप्त न रहे...

"महाराज! यह भी श्रामण्य का प्रत्यक्ष फल है। यह पहले कहे गए श्रामण्य-फल से भी बढ़कर, प्रशस्ततर है।

"और फिर, महाराज! भिक्षु सुख को त्याग कर, दुःख को त्याग कर, सौमनस्य तथा दौर्मनस्य के पहले ही निरुद्ध हो जाने पर, न-दुःख और न-सुख से युक्त तथा स्मृति और उपेक्षा से शुद्ध **चतुर्थ ध्यान** को प्राप्त होकर विहार करता है। वह इस काया को अपने शुद्ध चित्त द्वारा निर्मल बनाकर बैठता है। उसकी काया का कोई भाग शुद्ध तथा निर्मल चित्त से अव्याप्त नहीं रहता।

"जैसे, महाराज! कोई पुरुष उज्जवल वस्त्र से शिर तक आच्छादित होकर, आवृत होकर बैठे। उसकी काया का कोई भाग उस उज्जवल वस्त्र से अनावृत न रहे...

"महाराज! यह भी श्रामण्य का प्रत्यक्ष फल है। यह पहले कहे गए श्रामण्य-फल से भी बढ़कर, प्रशस्ततर है।

प्रज्ञा

"इस प्रकार से एकाग्र, शुद्ध, निर्मल, निष्पाप, क्लेश-रहित, मृदु, मनोरम

तथा निश्चल चित्त को प्राप्त करने के उपरान्त वह, प्रकृत प्रज्ञा को प्रत्यक्ष करने के लिए, अपने चित्त को झुकाता है। वह इस प्रकार जानता है: 'मेरा यह शरीर भौतिक, चार महाभूतों से बना हुआ, माता तथा पिता के समागम से उत्पन्न, दाल-भात द्वारा वर्धित, अनित्य तथा छेदन-भेदन-मर्दन-विनशन योग्य है। मेरा यह विज्ञान (=चित्त प्रवाह) इसमें आसक्त हो जाता है और बँध जाता है।'

"जैसे, महाराज! श्वेत, सुन्दर जाति वाला, अठपहलू, अच्छा काम किया हुआ, स्वच्छ, प्रसन्न, निर्मल तथा सर्व-गुण-सम्पन्न हीरा हो। और उसमें नीला, पीला, लाल, उज्जवल अथवा पाण्डु रंग का धागा पिरोया गया हो। चक्षुवान् पुरुष उसे हाथ में लेकर देखे...

"महाराज! यह भी श्रामण्य का प्रत्यक्ष फल है। यह पहिले कहे गए श्रामण्य-फल से भी बढ़कर, प्रशस्ततर है।

"इस प्रकार से एकाग्र, शुद्ध, निर्मल, निष्पाप, क्लेश-रहित, मृदु, मनोरम तथा निश्चल चित्त को प्राप्त करने के उपरान्त वह, मनोमय शरीर का निर्माण करने के लिए, अपने चित्त को झुकाता है। वह इस शरीर से पृथक् एक अन्य भौतिक मनोमय, समस्त अङ्ग-प्रत्यङ्ग से युक्त तथा भलीभाँति पुष्ट इन्द्रियों वाले शरीर का निर्माण करता है।

"जैसे, महाराज! कोई पुरुष मूँज में से सरकण्डे को निकाल ले। उसके मन में ऐसा हो : 'यह मूँज है, यह सरकण्डा। मूँज अन्य है, और सरकण्डा अन्य। मूँज में से ही सरकण्डा निकाला गया है।'

"अथवा जैसे, महाराज! कोई पुरुष तलवार को म्यान में से निकाल ले। उसके मन में ऐसा हो : 'यह तलवार है, और यह म्यान। तलवार अन्य है, और म्यान अन्य। तलवार म्यान में से ही निकाली गई है।'

"अथवा जैसे, महाराज! कोई (सपेरा) अपने पिटारे में से साँप को निकाले। उसके मन में ऐसा हो : 'यह साँप है, यह पिटारा। साँप अन्य है, और पिटारा अन्य। साँप को पिटारे में से ही निकाला गया है।'...

"महाराज! यह भी श्रामण्य का प्रत्यक्ष फल है। यह पहिले कहे गए श्रामण्य-फल से भी बढ़कर, प्रशस्ततर है।

"इस प्रकार से एकाग्र, शुद्ध, निर्मल, निष्पाप, क्लेश-रहित, मृदु, मनोरम तथा निश्चल चित्त को प्राप्त करने के उपरान्त वह, अनेक प्रकार की ऋद्धियों

की प्राप्ति के लिए, चित्त को झुकाता है। वह अनेक प्रकार की ऋद्धियों को प्राप्त कर लेता है। एक होकर अनेक हो जाता है, अनेक होकर एक हो जाता है। प्रकट होता है, अन्तर्धान होता है। दीवार के आरपार, प्राकार के आरपार, और पर्वत के आरपार बिना टकराए चला जाता है। मानो आकाश हो। पृथिवी में गोता लगाता है। मानो जल हो। जल के तल पर चलता है। मानो पृथिवी का तल हो। आकाश में पालथी मारकर उछलता है। मानो पक्षी हो। महातेजस्वी सूर्य तथा चन्द्रमा को हाथ से छू लेता है तथा मल देता है। ब्रह्मलोक तक को अपने शरीर द्वारा वश में किए रहता है।

''जैसे, महाराज! कोई चतुर कुम्भकार अथवा कुम्भकार-पुत्र भली-भाँति तैयार की गई मिट्टी से जो चाहे सो बर्तन बना ले, और फिर बिगाड़ दे।...

''अथवा जैसे, महाराज! कोई चतुर दन्तकार भलीभाँति सोधे हुए (हाथी) दाँत से जो चाहे सो बर्तन बना ले, और फिर बिगाड़ दे।...

''अथवा जैसे, महाराज! कोई चतुर सुवर्णकार भली-भाँति सोधे हुए सुवर्ण से जो चाहे सो बर्तन बना ले, और फिर बिगाड़ दे।...

''महाराज! यह भी श्रामण्य का प्रत्यक्ष फल है। यह पहले कहे गए श्रामण्य-फल से भी बढ़कर प्रशस्ततर है।

''इस प्रकार से एकाग्र, शुद्ध, निर्मल, निष्पाप, क्लेश-रहित, मृदु, मनोरम तथा निश्चल चित्त को प्राप्त करने के उपरान्त, वह दिव्य-श्रोत्र प्राप्त करने के लिए, अपने चित्त को लगाता है। और वह अपने अलौकिक, शुद्ध, दिव्य-श्रोत्र से दोनों शब्द सुनता है—देवताओं के भी और मनुष्यों के भी, दूर के भी और निकट के भी।

''जैसे, महाराज! कोई पुरुष मार्ग में जा रहा हो। वह भेरी के शब्द, मृदङ्ग के शब्द, शंख तथा पणव के शब्द सुने। उसके मन में ऐसा हो : 'यह भेरी का शब्द है, यह मृदङ्ग का शब्द है, यह शंख तथा पणव का शब्द है।'...

''महाराज! यह भी श्रामण्य का प्रत्यक्ष फल है। यह पहिले कहे गए श्रामण्य-फल से भी बढ़कर, प्रशस्ततर है।

''इस प्रकार से एकाग्र, शुद्ध, निर्मल, निष्पाप, क्लेश-रहित, मृदु, मनोरम तथा निश्चल चित्त को प्राप्त करने के उपरान्त वह, परचित्त-ज्ञान के लिए, अपने चित्त को लगाता है। वह अन्य सत्वों के, अन्य लोगों के चित्त को अपने चित्त

से जान लेता है। राग-सहित चित्त को राग-सहित जान लेता है। वैराग्य-सहित चित्त को वैराग्य-सहित जान लेता है। द्वेष-सहित चित्त को द्वेष-सहित जान लेता है। द्वेष-रहित चित्त को द्वेष-रहित जान लेता है। मोह-सहित चित्त को मोह-सहित जान लेता है। मोह-रहित चित्त को मोह-रहित जान लेता है। संकीर्ण चित्त को संकीर्ण जान लेता है। विक्षिप्त चित्त को विक्षिप्त जान लेता है। उदार चित्त को उदार जान लेता है। अनुदार चित्त को अनुदार जान लेता है। लौकिक चित्त को लौकिक जान लेता है। अलौकिक चित्त को अलौकिक जान लेता है। एकाग्र चित्त को एकाग्र जान लेता है। अनेकाग्र चित्त को अनेकाग्र जान लेता है। मुक्त चित्त को मुक्त जान लेता है। बद्ध चित्त को बद्ध जान लेता है।

''जैसे, महाराज! स्त्री अथवा पुरुष अथवा बालक अथवा नवयुवक अपने-आपको सुसज्जित करके दर्पण अथवा शुद्ध, निर्मल, स्वच्छ जल के पात्र में अपने-आपको देखते हुए अपने मुख के मालिन्य अथवा स्वच्छता को ज्यों-का-त्यों देख ले।...

''महाराज! यह भी श्रामण्य का प्रत्यक्ष फल है। यह पहिले कहे गए श्रामण्य-फल से भी बढ़कर, प्रशस्ततर है।

''इस प्रकार से एकाग्र, शुद्ध, निर्मल, निष्पाप, क्लेश-रहित, मृदु, मनोरम तथा निश्चल चित्त को प्राप्त करने के उपरान्त वह, पूर्व-जन्मों की बातों का स्मरण करने के लिए, अपने चित्त को लगाता है। सो वह नाना पूर्व-जन्मों की बातों का स्मरण करता है। जैसे, एक जन्म, दो जन्म, तीन जन्म, चार जन्म, पाँच जन्म, दस जन्म, बीस जन्म, तीस जन्म, चालीस जन्म, पचास जन्म, सौ जन्म, सहस्र जन्म, लाख जन्म, अनेक संवर्त-कल्प, अनेक विवर्त-कल्प, अनेक संवर्त-विवर्त-कल्प। 'वहाँ था, इस नाम वाला, इस गोत्र वाला, इस वर्ण वाला, इस आहार को खाने वाला, इतनी आयु वाला था। मैंने इस प्रकार के सुख एवं दुःख का अनुभव किया। सो वहाँ से मरकर वहाँ उत्पन्न हुआ...सो वहाँ से मरकर यहाँ उत्पन्न हुआ।' इस प्रकार वह आकार तथा प्रकार के साथ अनेक पूर्व-जन्मों का स्मरण करता है।

''जैसे, महाराज! कोई पुरुष अपने गाँव से दूसरे गाँव को जाए। फिर वह उस गाँव से अपने गाँव में लौट आए। उसके मन में ऐसा हो : 'मैं अपने गाँव से अुमक गाँव में गया। वहाँ इस प्रकार खड़ा रहा, इस प्रकार बैठा रहा, इस

प्रकार बोला, इस प्रकार मौन रहा। उस गाँव से भी अमुक गाँव में गया... सो मैं उस गाँव से अपने गाँव में लौट आया।'...

"महाराज! यह भी श्रामण्य का प्रत्यक्ष फल है। यह पहिले कहे गए श्रामण्य-फल से भी बढ़कर, प्रशस्ततर है।

"इस प्रकार से एकाग्र, शुद्ध, निर्मल, निष्पाप, क्लेश-रहित, मृदु, मनोरम तथा निश्चल चित्त को प्राप्त करके वह, प्राणियों का जन्म-मरण जानने के लिए, अपने चित्त को लगाता है। वह, अपने शुद्ध, अलौकिक, दिव्य चक्षु से मरते हुए और जन्म लेते हुए, हीन अवस्था को प्राप्त और उच्च अवस्था को प्राप्त, सुवर्ण और दुर्वर्ण, सुगति-प्राप्त और दुर्गति-प्राप्त, अपने-अपने कर्म के अनुसार अवस्था को प्राप्त प्राणियों को देख लेता है। 'ये प्राणी शरीर से दुष्कर्म करते हुए, वचन से दुष्कर्म करते हुए, मन से दुष्कर्म करते हुए, साधु पुरुषों की निन्दा करते थे, मिथ्या-दृष्टि थे, मिथ्या-दृष्टि के अनुकूल कर्म करते थे। ये मरने के उपरान्त नरक और दुर्गति को प्राप्त हुए। और ये अन्य प्राणी शरीर और वचन और मन से सुकर्म करते हुए, साधुजनों की प्रशंसा करते थे, सम्यक्-दृष्टि थे, सम्यक्-दृष्टि के अनुकूल कर्म करते थे। सो ये अब सुगति तथा स्वर्ग को प्राप्त हुए हैं।'...

"जैसे, महाराज! चतुष्पथ के मध्य में प्रासाद हो। चक्षुवान् पुरुष वहाँ खड़ा होकर मनुष्यों को आगार में प्रवेश करते हुए भी, निष्क्रमण करते हुए भी, एक पथ से दूसरे पथ पर घूमते हुए भी, चतुष्पथ के मध्य में पास-पास बैठे हुए भी देखे। उसके मन में ऐसा हो : 'ये मनुष्य आगार में प्रवेश करते हैं, ये निष्क्रमण कर रहे हैं, ये एक पथ से दूसरे पथ पर घूम रहे हैं, ये चतुष्पथ के मध्य में बैठे हैं।'...

"महाराज! यह भी श्रामण्य का प्रत्यक्ष फल है। यह पहिले कहे गए श्रामण्य-फल से भी बढ़कर, प्रशस्ततर है।

"इस प्रकार से एकाग्र, शुद्ध, निर्मल, निष्पाप, क्लेश-रहित, मृदु, मनोरम तथा निश्चल चित्त को प्राप्त करके वह, आश्रव-क्षय के ज्ञान के लिए, अपने चित्त को लगाता है। वह इसको भलीभाँति जान लेता है—'यह दुख है।' वह इसको भलीभाँति जान लेना है—'यह दु:ख-समुदय है।' वह इसको भलीभाँति जान लेता है—'यह दु:ख-निरोध है।' वह इसको भलीभाँति जानलेता है—'यह

दुःख-निरोधगामी मार्ग है।' वह इसको भलीभाँति जान लेता है—'यह आस्रव है।' वह इसको भलीभाँति जान लेता है—'यह आस्रव-समुदय है।' वह इसको भलीभाँति जान लेता है—'यह आस्रव-निरोधगामी मार्ग है।' ऐसा जान लेने और देख लेने पर उसका चित्त कामास्रव से मुक्त हो जाता है, भवाश्रव से मुक्त हो जाता है, अविद्याश्रव से मुक्त हो जाता है। वह ऐसा जान लेता है : 'जन्म क्षीण हो गया। ब्रह्मचर्य पूरा हुआ। करना था सो कर लिया। अब यहाँ पर करने के लिए कुछ नहीं रह गया।'

''जैसे, महाराज! पर्वत के ऊपर स्वच्छ, शुद्ध, निर्मल, जलाशय हो। चक्षुवान् पुरुष वहाँ कूल पर खड़ा होकर सीप, घोंघा, जलजन्तु तथा तैरती और खड़ी हुई मछलियों को देखे। उसके मन में ऐसा हो : 'यह जलाशय स्वच्छ, शुद्ध और निर्मल है। इसमें ये सीप, ये घोंघे, ये जलजन्तु, और ये तैरती हुई तथा खड़ी हुई मछलियाँ हैं।'...

''महाराज! यह भी श्रामण्य का प्रत्यक्ष फल है। यह पहिले कहे गए श्रामण्य-फल से भी बढ़कर, प्रशस्ततर है।

''महाराज! श्रामण्य के इस प्रत्यक्ष फल से बढ़कर दूसरा प्रत्यक्ष श्रामण्य-फल नहीं है।''

ऐसा कहने पर राजा मागध अजातशत्रु वैदेहीपुत्र ने कहा, ''आश्चर्य, भन्ते! अद्‌भुत, भन्ते! जैसे उलटे को सीधा कर दे, जैसे ढँके को उघाड़ दे, जैसे मार्ग भूले हुए को मार्ग बतला दे, जैसे अन्धकार में तेल-प्रदीप दिखा दे जिससे कि चक्षुवान् रूपों को देखे। उसी प्रकार, भन्ते! भगवान् ने अनेक प्रकार से धर्म को प्रकाशित किया है...''

: ५ :

...ऐसा कहने पर[१४] पोट्ठपाद परिव्राजक ने भगवान् से कहा : ''भन्ते! पिछले दिनों से पहिले, कुतूहल-शाला में समवेत नाना पन्थों के श्रमण-ब्राह्मणों में अभिसंज्ञा-निरोध (=चित्त-वृत्ति-निरोध) पर बात चली—'भो! अभिसंज्ञा-निरोध कैसे होता है?'

---

१४. पोट्ठपाद-सुत्त, दीघ-निकाय, सुत्त-पिटक।

"वहाँ किसी ने कहा—'हेतु के बिना, प्रत्यय के बिना ही पुरुष की संज्ञा उत्पन्न भी होती है, निरुद्ध भी होती है। उस समय वह असंज्ञी होता है।' कोई-कोई इस प्रकार अभिसंज्ञा-निरोध का प्रचार करते हैं।

"दूसरे ने उससे कहा—'भो! यह ऐसा नहीं हो सकता। संज्ञा पुरुष का आत्मा है। वह आता भी है, जाता भी है। जिस समय आता है उस समय संज्ञी होता है। जिस समय जाता है उस समय असंज्ञी होता है।' कोई-कोई इस प्रकार अभिसंज्ञा-निरोध बतलाते हैं।

"दूसरे ने उससे कहा—'भो! यह ऐसा नहीं होगा। (कोई-कोई) श्रमण-ब्राह्मण महा-ऋद्धि वाले, महा-अनुभाव वाले हैं। वे इस पुरुष की संज्ञा को डालते भी हैं, निकालते भी हैं। जिस समय डालते हैं उस समय संज्ञी होता है। जिस समय निकालते हैं उस समय असंज्ञी होता है।' कोई-कोई इस प्रकार अभिसंज्ञा-निरोध बतलाते हैं।

"दूसरे ने उससे कहा—'भो! यह ऐसा नहीं होगा। (कोई-कोई) देवता महा-ऋद्धि वाले महा-अनुभाव वाले होते हैं। वे इस पुरुष की संज्ञा को डालते भी हैं, निकालते भी हैं। जिस समय डालते हैं उस समय संज्ञी होता है। जिस समय निकालते हैं उस समय असंज्ञी होता है।' कोई-कोई इस प्रकार अभिसंज्ञा-निरोध बतलाते हैं।

"भन्ते! तब मुझको भगवान् के विषय में स्मरण हुआ—'अहो! वे भगवान् अवश्य सुगत हैं जो वे इन धर्मों में चतुर हैं। भगवान् अभिसंज्ञा-निरोध के प्रकृतिज्ञ हैं।'

"भन्ते! अभिसंज्ञा-निरोध कैसे होता है?"

"पोट्ठपाद! वे श्रमण-ब्राह्मण जो ऐसा कहते हैं कि हेतु के बिना, प्रत्यय के बिना ही पुरुष की संज्ञाएँ उत्पन्न भी होती हैं, निरुद्ध भी होती हैं, उन्होंने आदितः भूल की है। सो किसलिए? पोट्ठपाद! पुरुष की संज्ञाएँ हेतु से, प्रत्यय से ही उत्पन्न होती हैं, निरुद्ध भी होती हैं। शिक्षा से कोई-कोई संज्ञा उत्पन्न होती है, शिक्षा से कोई-कोई संज्ञा निरुद्ध होती है।...

"वह (भिक्षु) कामभोगों से पृथक् होकर, बुरी बातों से पृथक् होकर, विवेक और वितर्क द्वारा उत्पन्न प्रीति-सुख से युक्त **प्रथम ध्यान** को प्राप्त होकर विहार करता है। उसकी जो वह पहिले वाली काम-संज्ञा थी, वह निरुद्ध

हो जाती है। विवेक द्वारा उत्पन्न प्रीति-सुख से युक्त सूक्ष्म-सत्य-संज्ञा ही उस समय होती है, जिससे वह उस समय सूक्ष्म-सत्य-संज्ञी होता है। इस शिक्षा से भी कोई-कोई संज्ञाएँ उत्पन्न होती हैं, कोई-कोई संज्ञाएं निरुद्ध होती हैं। अन्य शिक्षा क्या है?

"और फिर पोट्ठपाद! भिक्षु वितर्क और विचार के निरुद्ध हो जाने पर, अन्तर के प्रसाद, चित्त की एकाग्रता से युक्त और वितर्क-विचार-रहित, समाधि द्वारा उत्पन्न प्रीति-सुख से युक्त **द्वितीय ध्यान** को प्राप्त होकर विहार करता है। उसकी जो वह पहिले वाली विवेक द्वारा उत्पन्न, प्रीति-सुख से युक्त सूक्ष्म-सत्य-संज्ञा थी, वह निरुद्ध हो जाती है। उस समय वह समाधि द्वारा उत्पन्न, प्रीति-सुख से युक्त सूक्ष्म-सत्य-संज्ञी ही होता है। इस शिक्षा से भी कोई-कोई संज्ञा उत्पन्न होती है, कोई-कोई संज्ञा निरुद्ध होती है। अन्य शिक्षा क्या है?

"और फिर, पोट्ठपाद! भिक्षु प्रीति के निरुद्ध हो जाने पर, प्रीति-रहित और विराग द्वारा उत्पन्न, उपेक्षा से युक्त **तृतीय ध्यान** को प्राप्त होकर विहार करता है। उसकी जो वह पहिले वाली समाधि द्वारा उत्पन्न, प्रीति-सुख से युक्त सूक्ष्म-सत्य-संज्ञा थी, वह निरुद्ध हो जाती है। उपेक्षा सुख से युक्त सूक्ष्म-सत्य-संज्ञा ही उस समय होती है। उस समय वह उपेक्षा-सुख से युक्त सूक्ष्म-सत्य-संज्ञी ही होता है। इस शिक्षा से भी कोई-कोई संज्ञा उत्पन्न होती है, कोई-कोई संज्ञा निरुद्ध होती है। अन्य शिक्षा क्या है?

"और फिर, पोट्ठपाद! भिक्षु सुख और दुःख के निरुद्ध होने पर, **चतुर्थ ध्यान** को प्राप्त होकर विहार करता है। उसकी वह जो पहिले वाली उपेक्षा-सुख से युक्त सत्य-संज्ञा थी, वह निरुद्ध हो जाती है। उस समय सुख तथा दुख के परे सूक्ष्म-सत्य-संज्ञा ही होती है। उस समय वह सुख-दुःख-रहित सूक्ष्म-सत्य-संज्ञी ही होता है। इस शिक्षा से भी कोई-कोई संज्ञा उत्पन्न होती है, कोई-कोई संज्ञा निरुद्ध होती है। अन्य शिक्षा क्या है?

"और फिर, पोट्ठपाद! भिक्षु रूप-संज्ञाओं के सर्वथा निरुद्ध हो जाने पर, प्रतिघ-संज्ञाओं के अस्त हो जाने पर, नानात्व-संज्ञाओं को मन में करने से, 'आकाश अनन्त है', इस **आकाश-आनन्त्य-आयतन**[१५] को प्राप्त होकर विहार

---

१५. आकाश-आनन्त्य आयतन अर्थात् चेतना की एक स्थिति तथा ब्रह्माण्ड का एक लोक।

करता है। उसकी जो वह पहिले वाली रूप-संज्ञाएँ थीं, वे निरुद्ध हो जाती हैं। उस समय आकाश-आनन्त्य-आयतन सूक्ष्म-सत्य-संज्ञा ही होती है। उस समय वह आकाश-आनन्त्य-आयतन सूक्ष्म-सत्य-संज्ञी ही होता है। इस शिक्षा से भी कोई-कोई संज्ञा उत्पन्न होती है, कोई-कोई संज्ञा निरुद्ध होती है। अन्य शिक्षा क्या है?

"और फिर, पोट्ठपाद! भिक्षु आकाश आनन्त्य-आयतन का सर्वथा अतिक्रमण करके, 'विज्ञान अनन्त है', इस **विज्ञान-आनन्त्य-आयतन**[१६] को प्राप्त होकर विहार करता है। उसकी जो पहिले वाली आकाश-आनन्त्य-आयतन सूक्ष्म-सत्य-संज्ञा थी, वह निरुद्ध हो जाती है। उस समय विज्ञान-आनन्त्य-आयतन सूक्ष्म-सत्य-संज्ञा ही होती है। उस समय वह विज्ञान-आनन्त्य-आयतन सूक्ष्म-सत्य-संज्ञी ही होता है। इस शिक्षा से भी कोई-कोई संज्ञा उत्पन्न होती है, कोई-कोई संज्ञा निरुद्ध होती है। अन्य शिक्षा क्या है?

"और फिर, पोट्ठपाद! भिक्षु विज्ञान-आनन्त्य-आयतन[१७] का सर्वथा अतिक्रमण करके, 'कुछ नहीं है', इस **आकिञ्चन्य-आयतन** को प्राप्त होकर विहार करता है। उसकी जो वह पहिले वाली विज्ञान-आनन्त्य-आयतन सूक्ष्म-सत्य-संज्ञा थी, वह निरुद्ध हो जाती है। उस समय आकिञ्चन्य-आयतन सूक्ष्म-सत्य-संज्ञा ही होती है। उस समय वह आकिञ्चन्य-आयतन सूक्ष्म-सत्य-संज्ञी ही होता है। इस शिक्षा से भी कोई-कोई संज्ञा उत्पन्न होती है, कोई-कोई संज्ञा निरुद्ध होती है।

"पोट्ठपाद! भिक्षु स्वक-संज्ञी होता है, इसलिए वह वहाँ से वहाँ, वहाँ से वहाँ, क्रमशः श्रेष्ठ से श्रेष्ठतर संज्ञा का स्पर्श करता है। श्रेष्ठतर संज्ञा पर स्थित होकर उसको यह होता है—'मेरा चिन्तन करना बहुत पापीयस् है, मेरा चिन्तन न करना बहुत श्रेयस् है। यदि मैं चिन्तन न करूँ, अभिसंस्करण न करूँ, तो मेरी ये संज्ञाएँ निरुद्ध हो जाएँगी तथा और भी उदार संज्ञाएँ उत्पन्न होंगी। क्यों न मैं चिन्तन नहीं करूँ, अभिसंस्करण नहीं करूँ?' उसके चिन्तन न करने से, अभिसंस्करण न करने से वे संज्ञाएँ निरुद्ध हो जाती हैं, और दूसरी उदार संज्ञाएँ

---

१६. वही।
१७. वही।

उत्पन्न नहीं होतीं। वह निरोध को प्राप्त कर लेता है। इस प्रकार, पोट्ठपाद! क्रमशः अभिसंज्ञा-निरोध से युक्त सम्प्रज्ञात-समापत्ति[१८] उत्पन्न होती है..."

"भन्ते! भगवान् क्या एक ही संज्ञाग्र[१९] को बतलाते हैं, अथवा पृथक्-पृथक् संज्ञाग्रों को भी बतलाते हैं?"

"पोट्ठपाद! मैं एक संज्ञाग्र को भी बतलाता हूँ, और पृथक्-पृथक् संज्ञाग्रों को भी बतलाता हूँ। पोट्ठपाद! (पुरुष) जैसे-जैसे निरोध को प्राप्त करता है, वैसे-वैसे संज्ञा-अग्रों को मैं बतलाता हूँ..."

"भन्ते! संज्ञा पहिले उत्पन्न होती है, पीछे ज्ञान अथवा ज्ञान पहिले उत्पन्न होता है, पीछे संज्ञा? अथवा संज्ञा तथा ज्ञान न-पहिले, न-पीछे उत्पन्न होते हैं?"

"पोट्ठपाद! संज्ञा पहिले उत्पन्न होती है, पीछे ज्ञान। संज्ञा की उत्पत्ति से ही ज्ञान की उत्पत्ति होती है। वह यह जानता है—'इस प्रत्यय से ही यह मेरा ज्ञान उत्पन्न हुआ है।' पोट्ठपाद! इस कारण से यह जानना चाहिए कि संज्ञा पहिले उत्पन्न होती है, ज्ञान पीछे और संज्ञा की उत्पत्ति से ही ज्ञान की उत्पत्ति होती है।"

"भन्ते! संज्ञा पुरुष का आत्मा है, या संज्ञा अन्य है और आत्मा अन्य?"

"पोट्ठपाद! तू आत्मा किसको कहता है?"

"भन्ते! मैं आत्मा को स्थूल, रूप वाला, चार महाभूतों से युक्त, कौर-कौर करके भोजन करने वाला मानता हूँ।"[२०]

"पोट्ठपाद! यदि तेरा आत्मा स्थूल, रूप वाला, चार महाभूतों से युक्त, कौर-कौर करके भोजन करने वाला है, तो ऐसा होने पर, पोट्ठपाद! संज्ञा दूसरी ही होगी, आत्मा दूसरा ही होगा। सो इस कारण से भी, पोट्ठपाद! जानना चाहिए कि संज्ञा अन्य है, और आत्मा अन्य। पोट्ठपाद! रहने दो इसे। आत्मा स्थूल है, रूप वाला है, चार महाभूतों से युक्त है, कौर-कौर करके भोजन करने वाला है—यह सब होने से पुरुष की दूसरी ही संज्ञाएँ उत्पन्न होती हैं, दूसरी ही संज्ञाएँ

---

१८. पातञ्जल योग में इसी को सम्प्रज्ञात समाधि कहा गया है।

१९. पातञ्जल योग में इसी को चित्त-भूमि कहा गया है।

२०. उपनिषद् में इसी को अन्नमय-कोश कहा गया है।

निरुद्ध होती हैं। सो इस कारण से भी, पोट्ठपाद! जानना चाहिए कि संज्ञा अन्य है, और आत्मा अन्य।''

''भन्ते! आत्मा को मैं मनोमय, समस्त अंग-प्रत्यंग से युक्त, इन्द्रियों से परिपूर्ण समझता हूँ।''[२१]

''ऐसा होने पर भी, पोट्ठपाद! तेरी संज्ञा अन्य होगी, और आत्मा अन्य। सो इस कारण से भी, पोट्ठपाद! जानना चाहिए कि संज्ञा अन्य है, और आत्मा अन्य। पोट्ठपाद! आत्मा जब समस्त अङ्ग-प्रत्यङ्ग से युक्त, इन्द्रियों से परिपूर्ण, मनोमय होता है, तब इस पुरुष की कोई-कोई संज्ञाएँ उत्पन्न होती हैं, कोई-कोई संज्ञाएँ निरुद्ध होती हैं। इस कारण से भी, पोट्ठपाद! जानना चाहिए कि संज्ञा अन्य है, और आत्मा अन्य।''

''भन्ते! आत्मा को मैं रूप-रहित संज्ञा-मय मानता हूँ।''[२२]

''पोट्ठपाद! यदि तेरा आत्मा रूप-रहित, संज्ञामय है तो ऐसा होने पर, पोट्ठपाद! संज्ञा अन्य होगी, और आत्मा अन्य होगा। इस कारण से भी, पोट्ठपाद! जानना चाहिए कि संज्ञा अन्य है, और आत्मा अन्य। पोट्ठपाद! आत्मा जब रूप-रहित संज्ञामय होता है तो इस पुरुष की कोई-कोई संज्ञाएँ उत्पन्न होती हैं, कोई-कोई संज्ञाएँ निरुद्ध होती हैं। इस कारण से भी, पोट्ठापाद! जानना चाहिए कि संज्ञा अन्य है, और आत्मा अन्य...''

: ६ :

...''भिक्षुओ![२३] अज्ञ पृथक्जन भी अपने इस चार महाभूतों से बने हुए शरीर से ऊब उठे, विरक्त हो जाए और विमुक्त होने की इच्छा करे। सो क्यों? कारण, इस चार महाभूतों से बने शरीर में घटना, बढ़ना, लेना और फेंक देना, सभी अपनी आँखों से देखता है...

''किन्तु, भिक्षुओ! यह जो चित्त, मन, विज्ञान है इससे अज्ञ पृथक्जन नहीं ऊबता, नहीं विरक्त होता, विमुक्त होने की इच्छा नहीं करता। सो क्यों? कारण भिक्षुओ! अज्ञ पृथक्जन चिरकाल से, 'यह मेरा है, यह मैं हूँ, यह मेरा आत्मा

२१. उपनिषद् में इसी को मनोमय-कोश कहा गया है।

२२. उपनिषद् में इसी को विज्ञानमय-कोश कहा गया है।

२३. पठम अस्सुतवा सुत्त, संयुत्त-निकाय (१२-७-१), सुत्त-पिटक।

है'—इस अज्ञान और ममत्व में पड़ा रहता है...

"भिक्षुओ! अज्ञ पृथक्जन इस शरीर को, न कि इस चित्त को, आत्मा कहकर मानता तो अच्छा होता। कारण, भिक्षुओ! यह चार महाभूतों से बना हुआ शरीर एक वर्ष भी, दो वर्ष भी, दस वर्ष भी, सौ वर्ष भी, और अधिक भी ठहरा हुआ देखा जाता है। किन्तु, भिक्षुओ! यह चित्त, मन, विज्ञान तो रात-दिन दूसरा-ही-दूसरा उत्पन्न होता और निरुद्ध होता रहता है। जैसे, भिक्षुओ! जंगल में घूमता हुआ बन्दर एक डाल पकड़ता है, उसे छोड़कर दूसरी डाल पर उछल जाता है, वैसे ही यह चित्त, मन, विज्ञान रात-दिन दूसरा-ही-दूसरा उत्पन्न होता और निरुद्ध होता रहता है..."

: ७ :

...तब[२४] भगवान् ने हाथ में थोड़े से सीसम के पत्ते लेकर भिक्षुओं को आमन्त्रित किया : "तो क्या समझते हो, भिक्षुओ! कौन-से अधिक हैं? सीसम के ये थोड़े से पत्ते जो मेरे हाथ में हैं, अथवा जो ऊपर सीसम के वन में हैं?"

"भन्ते! भगवान् ने अपने हाथ में जो सीसम के जो पत्ते लिए हैं, वे तो बहुत थोड़े हैं, जो ऊपर इस सीसम के वन में हैं, वे बहुत हैं।"

"वैसे ही, भिक्षुओं! मैंने जानते हुए भी जो नहीं कहा वह बहुत है। जो कहा है वह तो बहुत थोड़ा है। भिक्षुओ! मैंने क्यों नहीं कहा है? भिक्षुओ! वह न तो अर्थ सिद्ध करने वाला है, न ब्रह्मचर्य का साधने वाला, न निर्वेद, न विराग, न निरोध, न उपशम, न अभिज्ञा, न सम्बोधि और न निर्वारण के लिए है। इसीलिए मैंने उसे नहीं कहा है।

"भिक्षुओ! मैंने क्या कहा है? 'यह दुःख है'—ऐसा मैंने कहा है। 'यह दुःख समुदय है—' ऐसा मैंने कहा है। 'यह दुःख-निरोध है—' ऐसा मैंने कहा है। 'यह दुःख-निरोध-गामी मार्ग है'—ऐसा मैंने कहा है। भिक्षुओ! मैंने क्यों कहा है? भिक्षुओ! यह अर्थ सिद्ध करने वाला है, ब्रह्मचर्य का साधने वाला है, निर्वेद, विराग, निरोध, उपशम, अभिज्ञा, सम्बोधि और निर्वाण के लिए है। इसलिए मैंने यह कहा है..."

---

२४. सिंसपा-सुत्त, संयुत्त-निकाय (५४-४-१), सुत्त-पिटक।

: ८ :

..."मागन्दिय![२५] जैसे कोई आढ्य, महाधनी, महा-भोग गृहपति या गृहपति-पुत्र पाँच काम-भोगों से संपन्न, संयुक्त हो विहार करे। वह काया से सुकर्म करके, वचन से सुकर्म करके, मन से सुकर्म करके, काया को त्यागकर मरने के उपरान्त, सुगति, स्वर्ग-लोक में, त्रयत्रिंश देवताओं के बीच उत्पन्न हो। वहाँ वह नन्दनवन में अप्सरा-समुदाय से घिरा हुआ, पाँच दिव्य काम-भोगों से सम्पन्न, संयुक्त होकर विहार करे। वह किसी गृहपति या गृहपति-पुत्र को पाँच काम-भोगों से सम्पन्न, संयुक्त होकर विहार करता हुआ देखे। तो क्या मानते हो, मागन्दिय! क्या वह नन्दनवन में अप्सरा-समुदाय से घिरा हुआ, पाँच दिव्य काम-भोगों से सम्पन्न, संयुक्त होकर विहार करता हुआ देवपुत्र, इस गृहपति या गृहपति-पुत्र को...विहार करते देखकर, मनुष्य-सुलभ कामभोगों की ओर लौटना चाहेगा?"

"नहीं, भो गौतम!"

"सो किस लिए?"

"भो गौतम! मनुष्य-सुलभ काम-भोगों की अपेक्षा दिव्य काम-भोग अधिक उत्तम हैं, अधिक प्रणीत हैं।"...

"ऐसे ही, मागन्दिय! मैं अन्य प्राणियों को जब कामों में अवीत-राग, काम-तृष्णा द्वारा खाए जाते हुए, काम के दाह से जलते हुए, कामों का सेवन करते हुए देखता हूँ, तो उनकी स्पृहा नहीं करता, उनमें अभिरत नहीं होता। सो किस लिए? मागन्दिय! जो यह रति कामों से दूर रहकर, अकुशल-धर्मों से दूर रहकर है, वह दिव्य सुखों को भी मात करती है। उस रति में रमते हुए मैं हीन रति की स्पृहा नहीं करता, उसमें अभिरत नहीं होता।"...

तब भगवान् ने यह उदान कहा : "आरोग्य परम लाभ है, **निर्वाण परम सुख है।** अमृत-गामी मार्गों में अष्टांगिक मार्ग क्षेममय है।"

---

२५. मागन्दिय-सुत्तन्त, मज्झिम-निकाय, सुत्त-पिटक।

तीसरा परिच्छेद

श्रमण और ब्राह्मण

एक समय भगवान् पाँच-सौ[१] भिक्षुओं के महान् भिक्षुसंघ के साथ **कोसल** (देश)में चारिका करते हुए वहाँ पहुँचे जहाँ **इच्छानंगल** नामक ब्राह्मण-ग्राम था। वहाँ पर भगवान् इच्छानंगल के इच्छानंगल-वनखण्ड में विहार करते थे।

उस समय **पौष्करसाति** (नामक) ब्राह्मण कोसलराज **प्रसेनजित्** द्वारा प्रदत्त राजभोग्य, राजदेय, ब्रह्मदेय, जनाकीर्ण, तृण-काष्ठ-उदक-धन्य-सम्पन्न उक्ट्ठा का स्वामी था।

पौष्करसाति ब्राह्मण ने सुना : ''शाक्यकुल से प्रव्रजित, शाक्यपुत्र श्रमण गौतम, पाँच-सौ भिक्षुओं के महान् भिक्षुसंघ के साथ कोसल में चारिका करते हुए, इच्छानंगल में आए हैं और इच्छानंगल के इच्छा-नंगल-वनखण्ड में विहार कर रहे हैं। उन भगवान् गौतम का ऐसा मङ्गलकीर्ति शब्द फैला हुआ है—'वे भगवान् अर्हत्, सम्यक् सम्बुद्ध, विद्या-आचरण-सम्पन्न, सुगत, लोकविद्, अनुत्तर पुरुषदम्य-सारथी, देव-मनुष्य-शास्ता, बुद्ध भगवान् हैं। वे देव-मार सहित इस लोक को, श्रमण-ब्राह्मण-देव-मनुष्य-सहित (इस) प्रजा को स्वयं जानकर, साक्षात् करके (धर्म) समझाते हैं। वे आदि-कल्याण, मध्य-कल्याण पर्यवसान-कल्याण से युक्त धर्म का उपदेश करते हैं, अर्थ-सहित, व्यंजन-सहित, केवल परिपूर्ण, परिशुद्ध ब्रह्मचर्य को प्रकाशित करते हैं। इस प्रकार के अर्हतों का दर्शन अच्छा होता है।'''

उस समय पौष्करसाति ब्राह्मण का अम्बष्ट नामक माणवक अध्येता, मंत्रधर (था), निघण्टु, केटुभ, अक्षर-प्रभेद, शिक्षा-सहित तीन वेद (तथा) पाँचवे इतिहास (-पुराण) का पारंगत (था), कवि, वैयाकरण (था), लोकायत तथा महापुरुष-लक्षण में निपुण (था), अपने पाण्डित्य, प्रवचन में (आचार्य द्वारा यह कहकर) स्वीकृत था—'जो मैं जानता हूँ सो तू जानता है, जो तू जानता है सो मैं जानता हूँ।'

---

१. अम्बट्ठ-सुत्त, दीघ-निकाय, सुत्त-पिटक।

तब पौष्करसाति ब्राह्मण ने अम्बष्ट माणवक को सम्बोधित किया: "...आओ, तात अम्बष्ट! जहाँ श्रमण गौतम हैं वहाँ जाओ। जाकर श्रमण गौतम को पहिचानो कि उन गौतम का शब्द यथार्थ फैला हुआ है, अथवा अयथार्थ। क्या गौतम वैसे हैं, अथवा नहीं, जिससे कि हम उन गौतम को पहिचानें।"

"कैसे, भो! मैं उन गौतम को पहिचानूँगा कि उन गौतम का शब्द यथार्थ फैला हुआ है अथवा अयथार्थ, वे गौतम वैसे हैं अथवा नहीं?"

"तात अम्बष्ट! हमारे मन्त्रों में बत्तीस महापुरुष-लक्षण आए हैं जिनसे युक्त महापुरुष की दो ही गतियाँ होती हैं, तीसरी नहीं। यदि वह घर में रहता है (तो) बत्तीस महापुरुष-लक्षण से युक्त महापुरुष चक्रवर्ती राजा होता है। यदि (वह) घर से बेघर होकर प्रव्रजित होता है (तो) बत्तीस महापुरुष-लक्षण से युक्त महापुरुष अर्हत्, सम्यक् सम्बुद्ध होता है। तात अम्बष्ट! मैं मंत्रों का दाता हूँ, तू मन्त्रों का प्रतिग्रहीता है।"

पौष्करसाति ब्राह्मण से "अच्छा, भो!" कहकर, अम्बष्ट माणवक आसन से उठकर, अभिवादन करके, प्रदक्षिणा करके, घोड़ी वाले रथ पर चढ़कर, बहुत से माणवकों के साथ उधर चला जिधर इच्छानंगल-वनखंड था। जितना रथ का मार्ग था उतनी (दूर) रथ से जाकर, (फिर) रथ से उतरकर, पैदल ही आराम में प्रविष्ट हुआ। उस समय बहुत से भिक्षु खुली जगह में टहल रहे थे। तब अम्बष्ट माणवक वहाँ गया जहाँ वे भिक्षु थे। जाकर उन भिक्षुओं से बोला : "भो! वे गौतम इस समय कहाँ विहार कर रहे हैं? हम उन गौतम के दर्शन के लिए यहाँ आए हैं।"

तब उन भिक्षुओ को यह हुआ : "यह कुलीन, प्रसिद्ध अम्बष्ट माणवक अभिज्ञात पौष्करसाति ब्राह्मण का शिष्य है। इस प्रकार के कुलपुत्रों के साथ कथा-संलाप (करना) भगवान् को भारी नहीं होता।"

और अम्बष्ट माणवक से कहा : "अम्बष्ट! यह बन्द द्वार वाला विहार है। चुपचाप, धीरे से वहाँ जाओ, और अलिन्द में प्रवेश करके, खाँसकर, कुण्डी को खटखटाओ, अर्गला को हिलाओ। भगवान् तुम्हारे लिए द्वारा खोल देंगे।"

तब अम्बष्ट माणवक ने... अर्गला को हिलाया। भगवान् ने द्वार खोल दिया। अम्बष्ट माणवक ने भीतर प्रवेश किया। (दूसरे) माणवकों ने भी प्रवेश

करके भगवान् के साथ...सम्मोदन किया...(और) वे एक ओर बैठ गए। अम्बष्ट माणवक (स्वयं) उपासीन रह कर भी भगवान् के टहलते समय कुछ पूछ रहा था, स्वयं खड़ा रह कर भी उपासीन भगवान् से कुछ पूछ रहा था।

तब भगवान् ने अम्बष्ट माणवक से यह कहा : "क्या वृद्ध, महल्लक, आचार्य-प्राचार्य ब्राह्मणों के साथ ऐसे ही कथा-संलाप होता है जैसे कि तू चलते हुए, खड़े हुए, बैठे हुए मेरे साथ...कर रहा है?"

"नहीं, हे गौतम! चलते हुए ब्राह्मणों के साथ चलते हुए, खड़े हुए ब्राह्मणों के साथ खड़े हुए, बैठे हुए, ब्राह्मणों के साथ बैठे हुए बात करनी चाहिए। लेटे हुए ब्राह्मण के साथ लेटे हुए बात कर सकते हैं। किन्तु, गौतम! जो मुण्डक, श्रमण, इभ्य, काले, ब्रह्मा के पाँव की सन्तान हैं उनके साथ ऐसे ही कथा-संलाप होता है जैसे कि (मेरा) आप गौतम के साथ।"

"अम्बष्ट! अर्थी की भाँति तेरा यहाँ आगमन हुआ है। जिस अर्थ के लिए आए हो उसी अर्थ को मन में करना चाहिए। अम्बष्ट! तूने (गुरुकुल में) वास नहीं किया है। वास किए बिना ही क्या (तू) वास का अभिमान करता है?"

तब अम्बष्ट माणवक ने भगवान के अ-वास कहने पर कुपित (और) असन्तुष्ट होकर, भगवान् की ही भर्त्सना करते हुए, भगवान् की ही निंदा करते हुए, भगवान् को ही ताना देते हुए, (यह सोचकर कि) "श्रमण गौतम दुष्ट है", यह कहा, "हे गौतम? शाक्य-जाति चण्ड है। हे गौतम! शाक्य-जाति क्षुद्र है। हे गौतम! शाक्य-जाति बकवादी है। इभ्य-समान होने से शाक्य-गण ब्राह्मणों का सत्कार नहीं करते, ब्राह्मणों का गुरुकार नहीं करते, ब्राह्मणों का मान नहीं करते, ब्राह्मणों की पूजा नहीं करते। हे गौतम! सो यह अनुचित है..."

इस प्रकार अम्बष्ट माणवक ने इभ्य कहकर शाक्यों पर यह प्रथम आक्षेप किया।

"अम्बष्ट! शाक्यों ने तेरा क्या अपराध किया है?"

"हे गौतम! एक समय मैं आचार्य पौष्करसाति ब्राह्मण के साथ किसी काम से कपिलवस्तु गया और वहाँ पहुँचा जहाँ शाक्यों का संस्थागार था। उस समय बहुत से शाक्य तथा शाक्य-कुमार, संस्थागार में ऊँचे-ऊँचे आसनों पर बैठे हुए, एक-दूसरे को अँगुली चुभाते हुए हँस रहे थे, खेल रहे थे। (वे) मानो मुझ पर ही हँस रहे थे। किसी ने मुझको आसन पर बैठने के लिए नहीं कहा। सो, हे

गौतम, यह अनुचित है, अयुक्त है जो ये इभ्य तथा इभ्य-समान शाक्य-गण ब्राह्मणों का सत्कार नहीं करते......"

इस प्रकार अम्बष्ट माणवक ने शाक्य-गण पर दूसरा आक्षेप किया।

"अम्बष्ट! गौरैया चिड़िया भी अपने घोंसले पर स्वच्छन्द आलाप करती है। कपिलवस्तु शाक्यों का अपना (घर) है। अम्बष्ट! इतनी तनिक-सी बात पर तुझे अमर्ष नहीं करना चाहिए।"

"हे गौतम! चार वर्ण हैं— ब्राह्मण, क्षत्रिय, वैश्य और शूद्र। क्षत्रिय, वैश्य और शूद्र, ये तीनों वर्ण ब्राह्मण के ही सेवक हैं। सो, हे गौतम! यह अनुचित है, अयुक्त है जो इभ्य तथा इभ्य-समान शाक्य-गण ब्राह्मणों का सत्कार नहीं करते..."

इस प्रकार इभ्य कहकर अम्बष्ट माणवक ने शाक्य-गण पर यह तीसरा आक्षेप किया।

तब भगवान् को यह हुआ : "यह अम्बष्ट माणवक बहुत बढ़-बढ़-कर, इभ्य कहकर शाक्य-गण पर आक्षेप कर रहा है। मैं (इसका) गोत्र क्यों न पूछूँ?"

तब भगवान् ने अम्बष्ट माणवक से कहा : "अम्बष्ट! किस गोत्र का है?"

"कार्ष्णायन हूँ, हे गौतम! "

"अम्बष्ट! तेरे पुराने नाम (और) गोत्र के अनुसार शाक्य आर्यपुत्र होते हैं (और) तू शाक्यों का दासी-पुत्र है। अम्बष्ट! शाक्य-गण राजा इक्ष्वाकु को पितामह कहकर धारण करते हैं...अम्बष्ट! राजा इक्ष्वाकु की दिशा नाम की दासी थी। उससे कृष्ण नामक पुत्र उत्पन्न हुआ... उसी से आगे कार्ष्णायन (वंश) प्रसिद्ध हुआ। वही कार्ष्णायनों का पूर्व-पुरुष था। इस प्रकार, अम्बष्ट! तेरे माता-पिता के गोत्र का विचार करने से शाक्य-गण आर्यपुत्र होते हैं, तू शाक्य-गण का दासी-पुत्र है।"

ऐसा कहने पर उन माणवकों ने भगवान् से कहा : "आप गौतम! अम्बष्ट माणवक को कठोर दासी-पुत्र-वचन से मत लज्जित करें। हे गौतम! अम्बष्ट माणवक सुजात है, अम्बष्ट माणवक कुलपुत्र है, अम्बष्ट माणवक बहुश्रुत है, अम्बष्ट माणवक सुवक्ता है, अम्बष्ट माणवक पण्डित है। अम्बष्ट माणवक इस

विषय में आप गौतम के साथ विवाद कर सकता है।"

तब भगवान् ने उन माणवकों से कहा : "यदि तुम माणवकों को ऐसा होता है कि अम्बष्ट माणवक दुर्जात है, अम्बष्ट माणवक अकुलपुत्र है, अम्बष्ट माणवक अल्पश्रुत है, अम्बष्ट माणवक दुर्वक्ता है, अम्बष्ट माणवक अ-पण्डित है (और) अम्बष्ट माणवक इस विषय में श्रमण गौतम के साथ विवाद नहीं कर सकता, तो अम्बष्ट माणवक बैठे, तुम्हीं इस विषय में मेरे साथ विवाद करो। यदि तुम लोगों को ऐसा होता है कि अम्बष्ट माणवक सुजात है, अम्बष्ट माणवक कुलपुत्र है, अम्बष्ट माणवक बहुश्रुत है, अम्बष्ट माणवक सुवक्ता है, अम्बष्ट माणवक पण्डित है (और) अम्बष्ट माणवक इस विषय में श्रमण गौतम के साथ विवाद कर सकता है, तो तुम लोग ठहरो, अम्बष्ट माणवक को मेरे साथ विवाद करने दो।"

"हे गौतम!...हम लोग इस विषय में मौन रहते हैं। अम्बष्ट माणवक ही इस विषय में आप गौतम के साथ विवाद करेगा।"

तब भगवान् ने अम्बष्ट माणवक से कहा : "अम्बष्ट! यहाँ तुझ पर धर्म-सम्बन्धी प्रश्न आता है, इच्छा न होते हुए भी (तुझे) उत्तर देना होगा। यदि (तू) उत्तर नहीं देगा, अथवा इतस्ततः करेगा, अथवा मौन रह जाएगा, अथवा चला जाएगा तो तेरा शिर यहीं पर सात टुकड़े हो जाएगा। तो, अम्बष्ट! क्या तूने वृद्ध, महल्लक, ब्राह्मणों, आचार्य-प्राचार्यों (अथवा) श्रमणों से सुना है (कि) कार्ष्णायन कब से हैं, और उनका पूर्व-पुरुष कौन था?"

ऐसा पूछने पर अम्बष्ट माणवक मौन रह गया।

दूसरी बार भी भगवान् ने अम्बष्ट माणवक से यह पूछा...

ऐसा पूछने पर अम्बष्ट माणवक मौन रह गया।

तब भगवान् ने अम्बष्ट माणवक से कहा : "अम्बष्ट! उत्तर दे। यह तेरा चुप रहने का समय नहीं है। तथागत द्वारा तीन बार अपने धर्म के सम्बन्ध में प्रश्न पूछे जाने पर भी जो कोई उत्तर नहीं देगा, उसका शिर यहीं सात टुकड़े हो जाएगा।"

उस समय वज्रपाणि यक्ष बड़े भारी आदीप्त, प्रज्वलित, चमकते हुए लोहखण्ड को लेकर अम्बष्ट माणवक के ऊपर आकाश में खड़ा था...उस वज्रपाणि यक्ष को भगवान् देखते थे, अथवा अम्बष्ट माणवक। तब उसे देखकर

अम्बष्ट माणवक भयभीत, उद्विग्न, रोमांचित होकर भगवान् से त्राण, लयन, शरण माँगता हुआ, बैठकर भगवान् से बोला : "आप गौतम ने क्या कहा? आप गौतम फिर से कहें तो?"

"तो क्या मानता है, अम्बष्ट! क्या तूने सुना है कि कार्ष्णायन कब से हैं, और उनका पूर्व-पुरुष कौन था?"

"हे गौतम! ऐसा ही है जैसा कि आपने कहा। तब से ही कार्ष्णायन हुए, और वही कार्ष्णायनों का पूर्व-पुरुष था।"

ऐसा कहने पर दूसरे माणवक कोलाहल, उच्चशब्द, महाशब्द करने लगे : "अम्बष्ट माणवक दुर्जात है, अ-कुलपुत्र है। अम्बष्ट माणवक शाक्य-गण का दासी-पुत्र है। शाक्य-गण अम्बष्ट माणवक के आर्यपुत्र होते हैं। सत्यवादी श्रमण गौतम को हम लोग अश्रद्धेय बनाना चाहते थे।"

तब भगवान् को ऐसा हुआ : "ये माणवक अम्बष्ट माणवक को दासी-पुत्र कहकर अत्यधिक लज्जित कर रहे हैं। क्यों न मैं (इसे) छुड़ाऊँ?"

तब भगवान् ने माणवकों से कहा : "माणवको! तुम अम्बष्ट माणवक को दासी-पुत्र कहकर अत्यधिक लज्जित मत करो। वे कृष्ण महान् ऋषि थे..."

तब भगवान् ने अम्बष्ट माणवक को सम्बोधित किया : "अम्बष्ट! अनुपम विद्या-आचरण-सम्पदा को जातिवाद नहीं कहते, न ही गोत्रवाद कहते हैं, न ही मानवाद—'तू मेरे योग्य है', 'तू मेरे योग्य नहीं है'—कहते हैं। अम्बष्ट! जहाँ आवाह-विवाह होता है, वहीं यह जातिवाद होता है, गोत्रवाद होता है, मानवाद...होता है। अम्बष्ट! जो लोग जातिवाद में बँधे हुए हैं, गोत्रवाद में बँधे हुए हैं, मानवाद में बँधे हुए हैं, आवाह-विवाह में बँधे हुए हैं, वे अनुपम विद्या-आचरण-सम्पदा से दूर हैं। अम्बष्ट! जातिवाद-बन्धन, गोत्रवाद-बन्धन, मानवाद-बन्धन, आवाह-विवाह-बन्धन को त्यागकर (ही) अनुपम विद्या-आचरण-सम्पदा का साक्षात्कार किया जाता है।...

"अम्बष्ट! आचार्य-सहित तू अनुपम विद्या-आचरण-सम्पदा से भी हीन है...अम्बष्ट! तू ने आचार्य पौष्करसाति ब्राह्मण से सीख कर क्यों यह वाणी कही—'कहाँ इभ्य, काले, पाँव से उत्पन्न मुण्डक श्रमण और कहाँ त्रैविद्य ब्राह्मणों का साक्षात्कार।' स्वयं दुर्गतिगामी (होते हुए), (विद्या-आचरण को) पूरा न करते हुए भी, अम्बष्ट! अपने आचार्य पौष्करसाति ब्राह्मण का यह दोष

देख।

"अम्बष्ट! पौष्करसाति ब्राह्मण राजा प्रसेनजित् कोसल का दिया खाता है। राजा प्रसेनजित् कोसल उसको दर्शन भी नहीं देता। जब उसके साथ मन्त्रणा भी करनी होती है तो कपड़े की आड़ से मन्त्रणा करता है। अम्बष्ट! जिसकी दी हुई धार्मिक भिक्षा को (पौष्करसाति) खाता है, वह राजा प्रसेनजित् कोसल उसे दर्शन भी नहीं देता। देख, अम्बष्ट! अपने आचार्य पौष्करसाति ब्राह्मण का यह दोष।...

"तो क्या मानता है, अम्बष्ट! राजा प्रसेनजित् कोसल हाथी पर बैठा हुआ, अथवा रथ के ऊपर खड़ा होकर उग्रों के साथ अथवा राजन्यों के साथ कोई मन्त्रणा करे, और उस स्थान से हटकर एक ओर खड़ा हो जाए। तब (कोई) शूद्र अथवा शूद्र-दास आ जाए। वह उसी स्थान पर खड़ा होकर, उसी मन्त्रणा को करे जिसको राजा प्रसेनजित् कोसल ने किया था। तो, वह 'राजकथन को कहता है, राजमन्त्रणा को मन्त्रित करता है', इतने से क्या वह राजा अथवा राज-अमात्य हो जाता है।"

"नहीं, हे गौतम!"

"इसी प्रकार, हे अम्बष्ट! ब्राह्मणों के पूर्वज ऋषि मन्त्र-कर्त्ता, मन्त्र प्रवक्ता थे। उनके पुराने गीत, प्रोक्त, समीहित मन्त्रपद का आजकल के ब्राह्मण अनुगान, अनुभाषण करते हैं, भाषित को अनुभाषित, वाचित को अनुवाचित करते हैं—जैसे कि अष्टक, वामक, वामदेव, विश्वामित्र, जमदग्नि, अङ्गिरा, भरद्वाज, वशिष्ट, कश्यप, भृगु। 'आचार्य-सहित उनके मन्त्रों का अध्ययन करता हूँ'—क्या इतने से तू ऋषि या ऋषित्व के मार्ग पर आरूढ़ कहा जाएगा? यह सम्भव नहीं।

"तो, अम्बष्ट! क्या तूने वृद्ध, महल्लक ब्राह्मणों (और) आचार्य-प्राचार्यों को कहते सुना है कि ब्राह्मणों के पूर्वज ऋषि इस प्रकार नहाए-धोए, अंगराग लगाए, केश-श्मश्रु सँवारे, मणिकुण्डल का भूषण पहिने हुए, स्वच्छ वस्त्र धारण किए हुए, पाँच काम-भोगों में लिप्त, युक्त, आवृत रहते थे, जिस प्रकार कि आचार्य-सहित तू?"

"नही, हे गौतम!"

"क्या वे इस प्रकार बढ़िया चावल का भात, शुद्ध मांस का शोरबा,

कालिमा-रहित सूप, अनेक प्रकार के व्यञ्जन-भोजन करते थे, जिस प्रकार कि आचार्य-सहित तू?''

''नहीं, हे गौतम!''

''क्या वे इस प्रकार विभूषित, कमनीय गात्रों वाली स्त्रियों के साथ रमण करते थे जिस प्रकार कि आचार्य-सहित तू?''

''नहीं, हे गौतम!''

''क्या वे इस प्रकार कटे हुए बालों वाली घोड़ियों से जुते हुए रथों पर (चढ़कर) लम्बे डण्डे वाले कोड़ों से वाहनों को पीटते हुए, गमन करते थे, जिस प्रकार कि आचार्य-सहित तू?''

''नहीं, हे गौतम!''

''क्या वे इस प्रकार खाई खुदे हुए, दीवार से घिरे हुए, दुर्ग-नगरों में दीर्घायु पुरुषों से (अपनी) रक्षा करवाते थे, जिस प्रकार कि आचार्य सहित तू?''

''नहीं, हे गौतम!''

''इस प्रकार, अम्बष्ट! आचार्य-सहित तू न ऋषि है, न ऋषित्व के मार्ग पर आरूढ़। अम्बष्ट! मेरे विषय में तुझे जो संशय, भ्रम हो उसे पूछ ले। मैं उत्तर देकर उसे दूर करूँगा।''

यह कहकर भगवान् , विहार से निकलकर, टहलने के स्थान पर खड़े हो गए। अम्बष्ट माणवक भी विहार से निकलकर टहलने के स्थान पर खड़ा हुआ। तब अम्बष्ट माणवक भगवान् के पीछे-पीछे टहलता हुआ भगवान् के शरीर में बत्तीस महापुरुष-लक्षणों को खोजने लगा...

तब अम्बष्ट माणवक को ऐसा हुआ : ''श्रमण गौतम बत्तीस महापुरुष-लक्षणों से समन्वित, परिपूर्ण हैं।''

वह भगवान् से बोला : ''हन्त, हे गौतम! अब हम जाएँगे, हम बहुकृत्य, बहुकरणीय हैं।''

''अम्बष्ट! जिसका तू काल समझता है।''

तब अम्बष्ट माणवक घोड़ी-वाले रथ पर चढ़कर चला गया।

उस समय पौष्करसाति ब्राह्मण बड़े भारी ब्राह्मण-गण के साथ उक्ट्ठा से निकलकर अपने उद्यान में अम्बष्ट माणवक की प्रतीक्षा करता हुआ बैठा था। तब अम्बष्ट माणवक वहाँ गया जहाँ अपना उद्यान था। जितना रथ का मार्ग था

उतना रथ से पार करके, रथ से उतरकर पैदल ही वहाँ पहुँचा जहाँ पौष्करसाति ब्राह्मण था। जाकर पौष्करसाति ब्राह्मण को अभिवादन करके एक ओर बैठ गया। एक ओर बैठे अम्बष्ट माणवक से पौष्करसाति ब्राह्मण ने कहा : "तात अम्बष्ट! क्या उन भगवान् गौतम को देखा?"

"भो! हमने उन भगवान् गौतम को देखा।"

"तात अम्बष्ट! क्या उन भगवान् गौतम का यश यथार्थ फैला हुआ है, अथवा अयथार्थ? क्या वे गौतम वैसे ही हैं, अथवा अन्यथा?"

"भो! उन भगवान् गौतम का यश यथार्थ फैला हुआ है। गौतम वैसे ही हैं, अन्यथा नहीं। वे गौतम बत्तीस महापुरुष-लक्षणों से समन्वित, परिपूर्ण हैं।"

"तात अम्बष्ट! क्या श्रमण गौतम के साथ तुम्हारा कुछ कथा-संलाप हुआ?"

"भो! श्रवण गौतम के साथ मेरा कथा-संलाप हुआ।"

"तात अम्बष्ट! श्रवण गौतम के साथ क्या कथा-संलाप हुआ?"

तब अम्बष्ट माणवक ने भगवान् के साथ जो कथा-संलाप हुआ था वह सब पौष्करसाति ब्राह्मण से कह दिया। ऐसा कहने पर पौष्करसाति ब्राह्मण ने अम्बष्ट माणवक से कहा : "अहो! हमारा पण्डितवा-पन! अहो! हमारा बहुश्रुतवा-पन!! अहो बत रे! हमारा त्रैविद्यक-पन!!! इस प्रकार के नीच काम से पुरुष, काया छोड़कर मरने के उपरान्त अपाय, दुर्गति, विनिपात, नरक में उत्पन्न होता है जो, अम्बष्ट! तुम ने उन गौतम को इस प्रकार चिढ़ाते हुए बात की। और वे गौतम हम ब्राह्मणों के लिए भी इस प्रकार खोल-खोलकर बोले। अहो बत रे! हमारा त्रैविद्यक-पन!..."

यह कहकर पौष्करसात ब्राह्मण ने कुपित (और) असन्तुष्ट होकर अम्बष्ट माणवक को पैदल ही वहाँ से दूर कर दिया और (वह स्वयं) उसी समय भगवान् के दर्शनार्थ जाने के लिए (तत्पर) हो गया...

: २ :

...तब सोणदण्ड[२] ब्राह्मण के चित्त के वितर्क को चित्त से जानकर भगवान्

---

२. सोणदण्ड सुत्त, दीघ-निकाय, सुत्त-पिटक।

ने सोचा : "यह सोणदण्ड ब्राह्मण अपने चित्त द्वारा मारा जा रहा है। क्यों न मैं सोणदण्ड ब्राह्मण से उसकी त्रैविद्यक पण्डिताई के विषय में ही प्रश्न पूछूँ?"

तब भगवान् ने सोणदण्ड ब्राह्मण से कहा : "ब्राह्मण! ब्राह्मण लोग कितने अंगों से युक्त (पुरुष) को ब्राह्मण कहते हैं, और (किस प्रकार) वह (पुरुष) 'मैं ब्राह्मण हूँ' कहते समय सत्य बोलता है, मिथ्यावादी नहीं होता है?"...

तब सोणदण्ड ब्राह्मण शरीर को उठाकर, परिषद् की ओर दृष्टिपात करके भगवान् से बोला : "हे गौतम! ब्राह्मण लोग पाँच अंगों से युक्त (पुरुष) को ब्राह्मण कहते हैं... कौन से पाँच? (१) ब्राह्मण दोनों ओर से सुजात हो... (२) वेदपाठी, मन्त्रधर ब्राह्मण त्रिवेद-पारंगत हो... (३) अभिरूप, दर्शनाभिराम ब्राह्मण अत्यन्त गौरवर्ण से युक्त हो... (४) शीलवान् ब्राह्मण हो... (५) पण्डित, मेधावी, यज्ञ-दक्षिणा ग्रहण करने वालों में प्रथम या द्वितीय हो। इन पाँच अंगों से युक्त (पुरुष) को ब्राह्मण कहते हैं..."

"ब्राह्मण! इन पाँच अंगों में से एक अंग को छोड़कर, चार अंगों से ही ब्राह्मण कहा जा सकता है... ?"

"कहा जा सकता है, हे गौतम! इन पाँच अंगों में से, हे गौतम! वर्ण को छोड़ते हैं। वर्ण क्या करेगा यदि ब्राह्मण दोनों ओर से सुजात हो; वेदपाठी, मन्त्रधर ब्राह्मण त्रिवेद-पारंगत हो; शीलवान् ब्राह्मण हो; पण्डित मेधावी, यज्ञ-दक्षिणा को ग्रहण करने वालों में प्रथम या द्वितीय हो? इन चार अंगों से युक्त को, हे गौतम! ब्राह्मण लोग ब्राह्मण कहते हैं..."

"ब्राह्मण! इन चार अंगों में से एक अंग को छोड़कर, तीन अंगों से युक्त को भी ब्राह्मण कहा जा सकता है... ?"

"कहा जा सकता है, हे गौतम! इन चार अंगों में से हे गौतम! मन्त्रों को छोड़ते हैं। मन्त्र क्या करेंगे यदि, भो! ब्राह्मण दोनों ओर से सुजात हो; शीलवान् ब्राह्मण हो; पण्डित, मेधावी, यज्ञ-दक्षिणा को ग्रहण करने वालों में प्रथम या द्वितीय हो? इन तीन अंगों से युक्त को, हे गौतम! ब्राह्मण लोग ब्राह्मण कहते हैं..."

"ब्राह्मण! इन तीन अंगों में से एक अंग को छोड़कर, दो अंगों से युक्त को भी ब्राह्मण कहा जा सकता है... ?"

"कहा जा सकता है, हे गौतम! इन तीनों में से हे गौतम! जाति को छोड़ते

हैं। जाति क्या करेगी यदि, भो! ब्राह्मण शीलवान् ब्राह्मण हो; पण्डित, मेधावी, यज्ञ-दक्षिणा ग्रहण करने वालो में प्रथम या द्वितीय हो? इन तीन अंगों से युक्त को, हे गौतम! ब्राह्मण लोग ब्राह्मण कहते हैं... "

ऐसा कहने पर उन ब्राह्मणों ने सोणदण्ड ब्राह्मण से कहा : "आप सोणदण्ड ऐसा मत कहें! आप सोणदण्ड ऐसा मत कहें! आप सोणदण्ड वर्ण का प्रत्याख्यान करते हैं, मन्त्र का प्रत्याख्यान करते हैं, जाति का प्रत्याख्यान करते हैं। आप सोणदण्ड एक अंश से श्रमण गौतम के मत को ही स्वीकार कर रहे हैं।"

ऐसा कहने पर भगवान् ने उन ब्राह्मणों से कहा : "ब्राह्मणो! यदि तुम लोगों को ऐसा होता है (कि) सोणदण्ड ब्राह्मण अल्पश्रुत है, सोणदण्ड ब्राह्मण असुवक्ता है, सोणदण्ड ब्राह्मण दुष्प्रज्ञ है, सोणदण्ड ब्राह्मण इस विषय में श्रमण गौतम के साथ विवाद नहीं कर सकता, तो सोणदण्ड ब्राह्मण ठहरे, तुम लोग ही मेरे साथ विवाद करो। ब्राह्मणो! यदि तुम लोगों को ऐसा लगता है (कि) सोणदण्ड ब्राह्मण बहुश्रुत है, सोणदण्ड ब्राह्मण सुवक्ता है, सोणदण्ड ब्राह्मण पण्डित है, सोणदण्ड ब्राह्मण इस विषय में श्रमण गौतम के साथ विवाद कर सकता है, तो तुम लोग ठहरो, सोणदण्ड ब्राह्मण को ही मेरे साथ विवाद करने दो।"

ऐसा कहने पर सोणदण्ड ब्राह्मण ने भगवान् से कहा : "आप गौतम ठहरें, आप गौतम मौन धारण करें। मैं ही इनकों धर्मयुक्त उत्तर दूँगा।"

तब सोणदण्ड ब्राह्मण ने उन ब्राह्मणों से कहा: "आप लोग ऐसा मत कहें, आप लोग मत ऐसा कहें (कि) ये सोणदण्ड वर्ण का प्रत्याख्यान करते हैं, मन्त्र का प्रत्याख्यान करते हैं, जाति का प्रत्याख्यान करते हैं, एक अंश से यह सोणदण्ड श्रमण गौतम के मत को ही स्वीकर कर रहे हैं। मैं वर्ण अथवा मन्त्र अथवा जाति का प्रत्याख्यान नहीं करता।"

उस समय सोणदण्ड ब्राह्मण का भानजा, अंगक नामक माणवक, उस परिषद् में उपासीन था। तब सोणदण्ड ब्राह्मण ने उन ब्राह्मणों से कहा : "आप सब हमारे भानजे अंगक माणवक को देखते हैं?"

"हाँ, भो!"

"भो! अंगक माणवक अभिरूप, दर्शनाभिराम, प्रासादिक, परमवर्ण

पुष्कलता से युक्त ब्राह्मण है। इस परिषद् में श्रमण गौतम के अतिरिक्त वर्ण में इसके समान अन्य कोई नही है।

"अंगक माणवक वेदपाठी, मन्त्रधर, निघण्टु-कल्प-सहित तीनों वेदों और पाँचवें इतिहास (-पुराण) में पारंगत है, कवि, वैयाकरण है, लोकायत, महापुरुष-लक्षण में निपुण है। मैं ही उसे मन्त्र पढ़ाने वाला हूँ।

"अंगक माणवक दोनों ओर से सुजात है... मैं इसके माता-पिता दोनों को जानता हूँ...

"अंगक माणवक प्राणिहिंसा भी करे, चोरी भी करे, परस्त्री-गमन भी करे, मिथ्या-भाषण भी करे, मद्यपान भी करे तो, भो! यहाँ पर वर्ण क्या करेगा, मन्त्र और जाति क्या (करेंगे)?

"ब्राह्मण तो शीलवान्, बुद्धशील, बुद्धशीलता से युक्त होता है; पण्डित, मेधावी, यज्ञ-दक्षिणा को ग्रहण करने वालों में प्रथम या द्वितीय होता है। इन दो अंगों से युक्त को ही ब्राह्मण कहते हैं..."

(भगवान् ने पूछा) : "ब्राह्मण! इन दो अंगों में से एक अंग को छोड़कर, एक अंग से युक्त को भी ब्राह्मण कहा जा सकता है... ?"

"नहीं, हे गौतम! शील से प्रक्षालित है प्रज्ञा। प्रज्ञा से प्रक्षालित है शील। जहाँ शील है, वहाँ प्रज्ञा। जहाँ प्रज्ञा है, वहाँ शील। शीलवान् को प्रज्ञा होती है, प्रज्ञावान् को शील। किन्तु लोक में शील को प्रज्ञा का अग्र कहा जाता है। जैसे, हे गौतम! हाथ-से-हाथ प्रक्षालित करे, पाँव-से-पाँव प्रक्षालित करे, उसी प्रकार, हे गौतम! शील से प्रज्ञा प्रक्षालित है, प्रज्ञा से शील प्रक्षालित है।"

"वह ऐसा ही है, ब्राह्मण!"

: ३ :

...तब[३] वाशिष्ठ और भारद्वाज, दो माणवकों में, जंघाविहार (=चहल-कदमी) के लिए घूमते हुए, यह बात बीच में चल पड़ी : "भो! ब्राह्मण कैसे होता है?"

भारद्वाज माणवक ने कहा : "जब (पुरुष) दोनों ओर से, माता से भी (और) पिता से भी, सुजात होता है, दोनों ओर के पितामहों की सात पीढ़ी तक

---

३. बासेट्ठ-सुत्तन्त, मज्झिम-निकाय, सुत्त-पिटक।

विशुद्ध वंश वाला, जातिवाद से अक्षिप्त, अनिंदित होता है तब, भो! ब्राह्मण होता है।''

वाशिष्ठ माणवक ने यह कहा : ''जब (पुरुष) शीलवान् और व्रतसम्पन्न होता है तब, भो! ब्राह्मण होता है।''

भारद्वाज माणवक वाशिष्ठ माणवक को नहीं समझा सका, वाशिष्ठ माणवक भारद्वाज माणवक को नहीं समझा सका। तब वाशिष्ठ माणवक ने भारद्वाज माणवक को सम्बोधित किया : ''ये शाक्यकुल से प्रव्रजित श्रमण गौतम इच्छानंगल के वनखण्ड में विहार करते हैं।...चलो, भो! वहाँ चलें जहाँ श्रमण गौतम हैं। चलकर श्रमण गौतम से इस बात को पूछें। श्रमण गौतम जैसा बतलाएँगे वैसा धारण करेंगे।''

भारद्वाज माणवक ने वाशिष्ठ माणवक को उत्तर दिया : ''अच्छा, भो!''

तब वाशिष्ठ और भारद्वाज माणवक वहाँ गए जहाँ भगवान् थे। जाकर भगवान् के साथ...सम्मोदन करके एक ओर बैठ गए। एक ओर बैठे वाशिष्ठ माणवक ने भगवान् से गाथाओं में कहा:

''भो! हम प्रसिद्ध त्रिवेद-पण्डित हैं। मैं पौष्करसाति का और यह तारुक्ष का माणवक है॥ १॥

''त्रिवेद-पण्डितों का जो पाठ्य-विषय है उसमें हम अद्वितीय हैं। पद, व्याकरण, शास्त्रार्थ में हम आचार्य के समान हैं॥ २॥

''गौतम! ऐसे हम दोनों का जातिवाद के विषय में विवाद है। भारद्वाज कहता है—'जन्म से ब्राह्मण होता है'॥ ३॥

''चक्षुमन्! मैं कर्म से कहता हूँ, ऐसा जानें। हम दोनों एक-दूसरे को समझा नहीं सकते, सम्बुद्ध के नाम से प्रसिद्ध भगवान् के पास आए हैं॥ ४॥

''लोग जैसे जाकर, अक्षय चन्द्रमा को हाथ जोड़कर, वन्दना करके, नमस्कार करते हैं, ऐसे ही लोक में गौतम को॥ ५॥

''लोक के चक्षु के समान उत्पन्न गौतम से हम पूछते हैं—'ब्राह्मण जन्म से होता है, अथवा कर्म से?' हम अज्ञानियों को बतलाइए, जिससे हम ब्राह्मण को जान सकें॥ ६॥''

(भगवान् बोले): ''सो मैं क्रमशः, यथार्थतः कहता हूँ। प्राणियों की जातियों में एक-दूसरे से जाति का भेद है॥ ७॥

"तृणों तथा वृक्षों में भी, जानते हो, वे प्रतिज्ञा नहीं करते। (उनमें) जाति का लिंग है। उनमें एक-दूसरे से (भिन्न) जातियाँ हैं॥ ८॥

"फिर कीट-पतंग से चींटी तक जाति का लिंग है। उनमें जातियाँ एक-दूसरे से (भिन्न) हैं॥ ९॥

"लम्बी पीठ वाले, पादोदर साँपों में भी, जानते हो, जाति का लिंग है। उनमें जातियाँ एक-दूसरे से भिन्न हैं॥ १०॥

"फिर जल की जलचर मछलियों में भी जानते हो, जाति का लिंग है। उनमें जातियाँ एक-दूसरे से (भिन्न) हैं॥ ११॥

"फिर आकाशचारी, पंखयान पक्षियों में भी, जानते हो, जाति का लिंग है। उनमें जातियाँ एक-दूसरे से (भिन्न) हैं॥ १३॥

"जिस प्रकार इन जातियों का पृथक्-पृथक् लिंग है उस प्रकार मनुष्यों में जाति का लिंग पृथक् नहीं होता॥ १४॥

"न केशों में, न सिर में, न कान में, न आँख में, न मुख में, न नासिका में, न ओंठ और भौं में, न ग्रीवा में, न कंधे में, न पीठ में, न पेट में, न नितम्ब में, न उर में, न गुह्यस्थान में, न मैथुन में, न हाथ में, न पाँव में, न अँगुली और नख में, न जंघा में, न जांघ में, न वर्ण अथवा स्वर में, जैसा कि अन्य जातियों में है, जन्म का कोई लिंग नहीं॥ १५-१७॥

"मनुष्यों के शरीर-शरीर में यह नहीं मिलता। मनुष्यों में भेद संज्ञा के कारण है॥ १८॥

"मनुष्यों में जो गोरक्षा से जीविका चलाता है उसको, वाशिष्ठ! कृषक जानो, ब्राह्मण नहीं॥ १९॥

"मनुष्यों में जो किसी शिल्प से जीविका चलाता है उसको, वाशिष्ठ! शिल्पी समझो, ब्राह्मण नहीं॥ २०॥

"मनुष्यों में जो वाणिज्य से जीविका चलाता है उसको, वाशिष्ठ! वणिक् जानो, ब्राह्मण नहीं॥ २१॥

"मनुष्यों में जो चाकरी से जीविका चलाता है उसको, वाशिष्ठ! चाकर जानो, ब्राह्मण नहीं॥ २२॥

"मनुष्यों में जो चोरी करके जीता है उसको, वाशिष्ठ! चोर जानो, ब्राह्मण नहीं॥ २३॥

"मनुष्यों में जो शस्त्रास्त्र से जीता है उसकी, वाशिष्ठ! सिपाही जानो, ब्राह्मण नहीं॥ २४॥

"मनुष्यों में जो पुरोहिताई करके जीता है उसको, वाशिष्ठ! याजक जानो, ब्राह्मण नहीं॥ २५॥

"मनुष्यों में जो ग्राम-राष्ट्र का उपभोग करता है उसको, वाशिष्ठ! राजा जानो, ब्राह्मण नहीं॥ २६॥

"माता और योनि से उत्पन्न होने के कारण मैं ब्राह्मण नहीं कहता; वह भो-वादी है, वह संग्रही है। मैं ब्राह्मण उसको कहता हूँ जो अपरिग्रही है, संग्रह न करने वाला है॥ २७॥

"जो सारे बन्धनों को काटकर, भय से मुक्त है; जो संग और आसक्ति से विरत है, उसको मैं ब्राह्मण कहता हूँ॥ २८॥

"जो नन्दी, वरत्रा, सन्दान और हनुक्रम को काटकर एवं परिघ को फेंककर बुद्ध हो गया, उसको मैं ब्राह्मण कहता हूँ॥ ३०॥[४]

"जो (चित्त) को दूषित किए बिना, गाली, वध और बन्धन को सहन कर लेता है, क्षमा-बल ही जिसकी सेना का सेनापति है, उसको मैं ब्राह्मण कहता हूँ॥ ३१॥

"जो अक्रोधी, व्रतधारी, शीलवान्, बहुश्रुत, संयमी और अन्तिम शरीर धारण करने वाला होता है, उसको मैं ब्राह्मण कहता हूँ॥ ३२॥

"कमल के दल पर जल, आरे की नोक पर सरसों की भाँति जो भोगों में लिप्त नहीं होता, उसको मैं ब्राह्मण कहता हूँ॥ ३३॥

"जो इसी जन्म में अपने दुःखों के विनाश को जान लेता है, जिसने अपना भार उतार फैंका है, और जो आसक्ति-रहित है, उसको मैं ब्राह्मण कहता हूँ॥ ३४॥

"जो गृहस्थ तथा अगृहस्थों के बीच दोनों में ही लिप्त नहीं होता, जो बिना ठिकाने के घूमता है और जो निस्पृह है, उसको मैं ब्राह्मण कहता हूँ॥ ३५॥

"चराचर प्राणियों द्वारा प्रहार पाकर जो न प्रहार करता है, न प्रहार की

---

४. नन्दी, वस्त्रा, सन्दान, हनुक्रम और परिघ इत्यादि पशु को बाँधने-जोतने के बहुत-से बन्धन होते हैं। यहाँ मनुष्य के बन्धन काम, क्रोध, तृष्णा, मतवाद, मिथ्यादृष्टि आदि समझने चाहिएँ।

प्रेरणा देता है, उसको मैं ब्राह्मण कहता हूँ॥ ३६॥

"जो विरोधियों के बीच विरोध-रहित है, जो दण्ड धारण करने वालों के बीच निहत्था है, जो संग्रह करने वालों के बीच संग्रह से रहित है, उसको मैं ब्राह्मण कहता हूँ॥ ३७॥

"आरे के ऊपर सरसों के समान जिसके राग, द्वेष, मान, मात्सर्य फैंक दिए गए हैं, उसको मैं ब्राह्मण कहता हूँ॥ ३८॥

"जो अकठोर, आदर-युक्त, सच्ची वाणी बोले जिससे कि कुछ भी पीड़ा न हो, उसको मैं ब्राह्मण कहता हूँ॥ ३९॥

"दीर्घ अथवा ह्रस्व, स्थूल अथवा सूक्ष्म, शुभ अथवा अशुभ, बिना दी हुई वस्तु को जो संसार में नहीं ग्रहण करता, उसको मैं ब्राह्मण कहता हूँ॥ ४०॥

"इस लोक तथा परलोक के विषय में जिसकी आशाएँ नहीं रह गई, जो आशा-रहित और आसक्ति-रहित है, उसको मैं ब्राह्मण कहता हूँ॥ ४१॥

"जिसको तृष्णा नहीं रही, जो अकथ को भली भाँति जानकर कहता है, जिसने अमोघ अमृत को पा लिया, उसको मैं ब्राह्मण कहता हूँ॥ ४२॥

"जिसने यहाँ पुण्य और पाप, दोनों की आसक्ति को त्याग दिया, जो शोकरहित, विमल और विशुद्ध है, उनको मैं ब्राह्मण कहता हूँ॥ ४३॥

"जो चन्द्रमा की भाँति निर्मल, शुद्ध, स्वच्छ, अनाविल है, जिसकी सभी जन्मों की तृष्णा नष्ट हो गई है, उसको मैं ब्राह्मण कहता हूँ॥ ४४॥

"जिसने इस दुर्गम संसार-चक्र में प्रवर्तित करने वाले मोह के मिथ्या-मार्ग को त्याग दिया, जो पारंगत, ध्यानी तथा तीर्ण है, उसको मैं ब्राह्मण कहता हूँ॥४५॥

"जो यहाँ भोगों को त्यागकर, बेघर बना हुआ प्रव्रजित हो गया, जिसके भोग और जन्म नष्ट हो गए, उसको मैं ब्राह्मण कहता हूँ॥ ४६॥

"जो यहाँ तृष्णा को त्याग कर, बेघर बना हुआ प्रव्रजित हो गया, जिसकी तृष्णा और जन्म नष्ट हो गए, उसको मैं ब्राह्मण कहता हूँ॥ ४७॥

"जो मानव-सुलभ लाभों को त्याग कर, दिव्य लाभों का भी त्याग करके, समस्त लाभों में अनासक्त है, उसको मैं ब्राह्मण कहता हूँ॥ ४८॥

"जो रति एवं अरति को त्यागकर, शील-स्वभाव, क्लेश-रहित, सर्वलोक-विजयी वीर है, उसको मैं ब्राह्मण कहता हूँ॥ ४९॥

''जो प्राणियों की च्युति एवं उत्पत्ति को भली-भाँति जानता है, आसक्ति-रहित, सुगत एवं बुद्ध है, उसको मैं ब्राह्मण कहता हूँ॥ ५०॥

''जिसकी गति को देवता, गंधर्व तथा मनुष्य नहीं जानते, जो क्षीणास्त्रव और अर्हत् है, उसको मैं ब्राह्मण कहता हूँ॥ ५१॥

''जिसके आदि और अन्त और मध्य में कुछ नहीं है, जो परिग्रह-रहित, आदान-रहित है, उसको मैं ब्राह्मण कहता हूँ॥ ५२॥

''जो ऋषभ, प्रवर, वीर, महर्षि, विजेता, अकम्प्य, स्नातक और बुद्ध है, उसको मैं ब्राह्मण कहता हूँ॥ ५३॥

''जो पूर्व जन्म को जानता है, स्वर्ग और नरक को देखता है, और जिसका जन्म क्षीण हो गया, जो ज्ञान-परायण मुनि है, जिसके सारे कर्त्तव्य समाप्त हो गए उसको मैं ब्राह्मण कहता हूँ॥ ५४॥

''लोक में ये संज्ञाएँ कल्पित हैं, ये नाम-गोत्र कल्पित हैं, वहाँ-वहाँ कल्पित (बातें) लोक-व्यवहार से चली आई हैं॥५५॥

''अज्ञों की धारणा में यह चिरकाल से मान्य है (किन्तु) अभिज्ञ यह नहीं कहते—'जन्म से ब्राह्मण होता है'॥ ५६॥

''जन्म से न ब्राह्मण होता है, न जन्म से अब्राह्मण। कर्म से ब्राह्मण होता है, कर्म से अब्राह्मण॥ ५७॥

''कर्म से कृषक होता है, कर्म से शिल्पी। कर्म से वणिक् होता है, कर्म से चाकर॥ ५८॥

''कर्म से चोर होता है, सिपाही भी कर्म से। कर्म से याजक होता है, राजा भी कर्म से॥ ५९॥

''प्रतीत्य-समुत्पाद-दर्शी, कर्म-विपाक-कोविद, पण्डित इस प्रकार कर्म को यथार्थत: जानते हैं॥ ६०॥

''लोक कर्म से चल रहा है, प्रज्ञा कर्म से चल रही है। चलायमान रथ की आणी के समान प्राणी कर्म में बँधे हैं॥ ६१॥

''तप, ब्रह्मचर्य, संयम और दम—इनसे ब्राह्मण होता है। यही उत्तम ब्राह्मण है॥ ६२॥

''तीन विद्याओं से युक्त, शान्त, पुनर्जन्म-रहित, ऐसों को वाशिष्ठ! पण्डितों में ब्रह्मा और इन्द्र जानो॥ ६३॥''

ऐसा कहने कर वाशिष्ठ तथा भारद्वाज माणवकों ने भगवान् से यह कहा : "आश्चर्य, भो गौतम! आश्चर्य, भो गौतम! जैसे औंधे को सीधा कर दे, ढके को उघाड़ दे, भूले को मार्ग बतला दे, अन्धकार में तेल का दीपक रख दे जिससे कि आँखों वाले रूप को देखें। ऐसे ही आप गौतम ने अनेक प्रकार से धर्म को प्रकाशित किया है। ये हम दोनों भगवान् गौतम की शरण लेते हैं, धर्म और भिक्षुसंघ की भी। आज से आप गौतम हम दोनों को बद्धांजलि शरणागत उपासक स्वीकार करें।"

: ४ :

...[५]एक ओर बैठे हुए आश्वलायन माणवक ने भगवान् से कहा : "भो गौतम! ब्राह्मण ऐसा कहते हैं—'ब्राह्मण ही श्रेष्ठ वर्ण है, अन्य वर्ण नीच हैं; ब्राह्मण ही शुक्ल वर्ण है, अन्य वर्ण कृष्ण हैं; ब्राह्मण ही शुद्ध होते हैं, अब्राह्मण नहीं; ब्राह्मण ही ब्रह्मा के औरस पुत्र हैं, (ब्रह्मा के) मुख से उत्पन्न ब्रह्मज, ब्रह्म-निर्मित, ब्रह्मा के उत्तराधिकारी हैं।' इस विषय में आप गौतम क्या कहते हैं?"

"किन्तु, आश्वलायन! ब्राह्मणों की ब्राह्मणियाँ ऋतुमती होतीं, गर्भ धारण करतीं, जनन करतीं, दूध पिलातीं देखी जाती हैं। योनि से उत्पन्न होकर भी वे ऐसा कहते हैं—'ब्राह्मण ही श्रेष्ठ वर्ण है'... ?"

"यद्यपि आप गौतम ऐसा कहते हैं, फिर भी ब्राह्मण तो ऐसा ही कहते हैं—'ब्राह्मण ही श्रेष्ठ वर्ण है'... ।"

"तो क्या मानते हो, आश्वलायन! क्या तुमने सुना है कि यवन और काम्बोज (देशों) में और अन्यान्य सीमान्त देशों में भी दो ही वर्ण होते हैं—आर्य एवं दास। आर्य होकर दास हो सकता है, दास होकर आर्य हो सकता है!"

"हाँ, भो! मैंने सुना है... ।"

"आश्वलायन! ब्राह्मणों में कौन-सा बल, कौन-सा आश्वास है जो ब्राह्मण ऐसा कहते हैं—'ब्राह्मण ही श्रेष्ठ वर्ण है'... ?"

"यद्यपि आप गौतम ऐसा कहते हैं, फिर भी ब्राह्मण तो ऐसा ही कहते हैं—

---

५. अस्सलायण-सुत्तन्त, मज्झिम-निकाय, सुत्त-पिटक।

'ब्राह्मण ही श्रेष्ठ वर्ण है'... ।''

''तो क्या मानते हो, आश्वलायन! क्षत्रिय प्राणिहिंसक, चोर, दुराचारी, मिथ्याभाषी, चुगलखोर, कटुभाषी, बकवादी, लोभी, द्वेषी, मिथ्यादृष्टि वाला हो (तो क्या वह) काया त्यागकर मरने के उपरान्त अपाय, दुर्गति, विनिपात, नरक में उत्पन्न होगा, अथवा नहीं? ब्राह्मण भी... वैश्य भी... शूद्र भी... नरक में उत्पन्न होगा अथवा नहीं?''

''भो गौतम! क्षत्रिय भी प्राणिहिंसक, चोर, दुराचारी, मिथयाभाषी, चुगलखोर, कटुभाषी, बकवादी, लोभी, द्वेषी, मिथ्यादृष्टि वाला हो (तो वह भी) काया को त्याग कर मरने के उपरान्त अपाय, दुर्गति, विनिपात, नरक में उत्पन्न होगा। ब्राह्मण भी... वैश्य भी... शूद्र भी... नरक में उत्पन्न होगा। भो गौतम! सभी चारों वर्ण... नरक में उत्पन्न होंगे।''

''आश्वलायन! ब्राह्मणों में कौन-सा बल है, कौन-सा आश्वास है जो ब्राह्मण ऐसा कहते हैं—'ब्राह्मण ही श्रेष्ठ वर्ण है' ... ?''

''यद्यपि आप गौतम ऐसा कहते हैं, फिर भी ब्राह्मण तो ऐसा ही कहते हैं—'ब्राह्मण ही श्रेष्ठ वर्ण है'... ।''

''तो क्या मानते हो, आश्वलायन! क्या ब्राह्मण ही प्राणिहिंसा से विरत होता है, चोरी से विरत होता है, दुराचार से विरत होता है, मिथ्याभाषण से विरत होता है, चुगलखोरी से विरत होता है, कटुभाषण से विरत होता है, बकवाद से विरत होता है, अलोभी, अद्वेषी, सम्यक्-दृष्टि वाला बन कर, शरीर त्यागकर मरने के उपरान्त सुगति, स्वर्गलोक में उत्पन्न होता है? क्षत्रिय नहीं, वैश्य नहीं, शुद्र नहीं?''

''नहीं, भो गौतम! क्षत्रिय भी प्राणिहिंसा से विरत होकर, चोरी से विरत होकर, दुराचार से विरत होकर, मिथ्याभाषण से विरत होकर, चुगलखोरी से विरत होकर, कटुभाषण से विरत होकर, बकवाद से विरत होकर, अलोभी, अद्वेषी, सम्यक्-दृष्टि वाला बनकर, शरीर त्यागकर मरने के उपरान्त सुगति, स्वर्गलोक में उत्पन्न हो सकता है; ब्राह्मण भी...वैश्य भी...सभी चारों वर्ण...स्वर्ग में उत्पन्न हो सकते हैं।''

''आश्वलायन! ब्राह्मणों में कौन-सा बल है, कौन-सा आश्वास है जो ब्राह्मण ऐसा कहते हैं—'ब्राह्मण ही श्रेष्ठ वर्ण है'... ?''

"यद्यपि आप गौतम ऐसा कहते हैं, फिर भी ब्राह्मण तो ऐसा ही मानते हैं—'ब्राह्मण ही श्रेष्ठ वर्ण है'...।"

"तो क्या मानते हो, आश्वलायन! क्या ब्राह्मण ही वैर-रहित, द्वेष-रहित मैत्री-चित्त की भावना कर सकता है, क्षत्रिय नहीं, वैश्य नहीं, शूद्र नहीं?"

"नहीं, भो गौतम! क्षत्रिय भी इस स्थान में भावना कर सकता है, ब्राह्मण भी, वैश्य भी, शुद्र भी। सभी चारों वर्ण भावना कर सकते हैं।"

"यहाँ, आश्वलायन! ब्राह्मणों में कौन-सा बल है, कौन-सा आश्वास है जो ब्राह्मण ऐसा कहते हैं—'ब्राह्मण ही श्रेष्ठ वर्ण है... ?"

"यद्यपि आप गौतम ऐसा कहते हैं, फिर भी ब्राह्मण तो ऐसा ही मानते हैं—'ब्राह्मण ही श्रेष्ठ वर्ण है'...।"

"तो क्या मानते हो, आश्वलायन! क्या ब्राह्मण ही स्वस्ति स्नानचूर्ण लेकर, नदी पर जाकर मैल धो सकता है, क्षत्रिय नहीं, वैश्य नहीं, शूद्र नहीं?"

"नहीं, भो गौतम! क्षत्रिय भी स्वस्ति स्नानचूर्ण लेकर, नदी पर जाकर मैल धो सकता है, ब्राह्मण भी, वैश्य भी, शूद्र भी। सभी चारों वर्ण मैल धो सकते हैं।"

"तो क्या मानते हो, आश्वलायन! यहाँ मूर्धाभिषिक्त राजा नाना जातियों के सौ पुरुष एकत्रित करे—'आइए, आप लोग जो कि क्षत्रियकुल से, ब्राह्मणकुल से और राजन्यकुल से उत्पन्न हुए हैं; और साल की या सरल की या चन्दन की या पद्म की उत्तरारणी लेकर आग जलाइए, तेज प्रादुर्भूत कीजिए। और आप लोग भी आइए जो कि चाण्डालकुल से, निषादकुल से, वेणुकुल से, रथकारकुल से, पुक्कुसकुल से उत्पन्न हुए हैं; और कुत्ते के पीने की कठली की, सूअर के पीने की कठली की, धोबी की कठली की, या रेंड के काठ की उत्तरारणी लेकर आग जलाइए, तेज, प्रादुर्भूत कीजिए।' तो क्या मानते हो, आश्वलायन! क्षत्रिय, ब्राह्मण, वैश्य और शूद्र कुलों से उत्पन्न लोगों द्वारा साल, सरल, चन्दन, पद्म की उत्तरारणी लेकर जो आग जलाई गई है, तेज़ प्रादुर्भूत किया गया है, क्या वही अर्चिमान्, वर्णवान्, प्रभास्वर होगा? क्या उसी आग से काम लिया जा सकता है? और जो वह चाण्डाल, निषाद, वेणु, रथकार, पुक्कस कुलों से उत्पन्न लोगों द्वारा कुत्ते के पीने की कठली की, सूअर के पीने की कठली की, रेंड के काठ की उत्तरारणी को लेकर जलाई गई आग है,

प्रादुर्भूत तेज है, वह अर्चिमान्, वर्णवान्, प्रभास्वर नहीं होगा? क्या उस आग से आग का काम लिया जा सकेगा?"

"नहीं, भो गौतम! ...सभी आग से आग का काम लिया जा सकता है।"...

"तो क्या मानते हो, आश्वलायन! यहाँ दो माणवक जुड़वाँ भाई हों। एक अध्ययन करने वाला तथा उपनीत हो, दूसरा अध्ययन न करने वाला और अन्-उपनीत हो। श्राद्ध, यज्ञ अथवा आतिथ्य में ब्राह्मण लोग किस को प्रथम भोजन कराएँगे?"

"भो गौतम! जो वह माणवक अध्ययन करने वाला तथा उपनीत है उसी को ब्राह्मण लोग श्राद्ध, यज्ञ अथवा आतिथ्य में प्रथम भोजन कराएँगे। अध्ययन न करने वाले तथा अन्-उपनीत को देने से क्या महाफल होगा?"

"तो क्या मानते हो, आश्वलायन! यहाँ दो माणवक जुड़वाँ भाई हों। एक अध्ययन करने वाला तथा उपनीत (किन्तु) दु:शील, पापी हो। दूसरा अध्ययन न करने वाला तथा अन्-उपनीत (किन्तु) शीलवान, पुण्यवान् हो। ब्राह्मण लोग इनमें से किस को श्राद्ध अथवा यज्ञ अथवा आतिथ्य में प्रथम भोजन कराएँगे?"

"भो गौतम! वह जो माणवक अध्ययन न करने वाला तथा अन्-उपनीत (किन्तु) शीलवान्, पुण्यवान् है, उसी को ब्राह्मण लोग श्राद्ध अथवा यज्ञ अथवा आतिथ्य में प्रथम भोजन कराएँगे। दु:शील, पापी को दान देने से क्या महाफल होगा?"

"आश्वलायन! पहिले तू जाति पर पहुँचा। जाति पर पहुँचकर मन्त्रों पर पहुँचा। मन्त्रों पर पहँच कर तू चातुर्वर्ण्य-शुद्धि पर आ गया, जिसका कि मैं उपदेश करता हूँ।"

ऐसा कहने पर आश्वलायन माणवक मौन हो गया, मूक हो गया। ऐसा कहने पर आश्वलायन माणवक अधोमुख, चिन्तित, निष्प्रतिभ होकर बैठ गया...

: ५ :

...तब[६] कापथिक माणवक ने भगवान् से पूछा : "भो गौतम! ब्राह्मणों का जो यह पुरातन, परम्परागत मन्त्रपद (=वेद) है, शाखागत संहिता है, उसमें

६. चंकि-सुत्तन्त, मज्झिम-निकाय, सुत्त-पिटक।

ब्राह्मण पूर्ण रूप से श्रद्धा रखते हैं—'यही सत्य है, अन्य सब मिथ्या।' इस विषय में आप गौतम क्या कहते हैं?"

"भारद्वाज! क्या ब्राह्मणों में एक भी ब्राह्मण है जो कहे—'मैं इसे जानता हूँ, इसे देखता हूँ, यही सत्य है, अन्य सब मिथ्या है'?"

"नहीं, भो गौतम!"

"भारद्वाज! क्या ब्राह्मणों का एक आचार्य भी... एक आचार्य-प्राचार्य भी, परम आचार्यों की सात पीढ़ी तक... ब्राह्मणों के पूर्वज ऋषि—अष्टक, वामक, वामदेव, विश्वामित्र, जमदग्नि, अंगिरा, भरद्वाज, वशिष्ठ, कश्यप, भृगु भी कहते हैं—'हम इसको जानते हैं, हम इसको देखते हैं, यही सत्य है, अन्य सब मिथ्या है'?"

"नहीं, भो गौतम!"

"...जैसे, भारद्वाज! अन्ध-वेणु-परम्परा लगी हो। पहिले वाला भी नहीं देखता, बीच वाला भी नहीं देखता, पिछला भी नहीं देखता। ऐसे ही, भारद्वाज! ब्राह्मणों का कथन अन्ध-वेणु के समान है... तो क्या मानते हो, भारद्वाज! ऐसा होने पर भी ब्राह्मणों की श्रद्धा क्या निर्मूल नहीं हो जाती?"

"नहीं, हे गौतम! नहीं। ब्राह्मण श्रद्धा की ही उपासना नहीं करते, श्रुति की भी उपासना करते हैं।"

"भारद्वाज! पहिले तू श्रद्धा पर पहुँचा, अब श्रुति कहता है... भारद्वाज! सत्य की रक्षा करने वाले पण्डित पुरुष को यहाँ एकांगी श्रद्धा करना उचित नहीं—'यही सत्य है, अन्य सब मिथ्या है'।"

"भो गौतम! सत्य की रक्षा किस प्रकार होती है? सत्य की रक्षा किस प्रकार की जाती है? हम आप गौतम से सत्य की रक्षा के विषय में पूछते हैं।"

"भारद्वाज! पुरुष को यदि श्रद्धा होती है (तो वह) 'यह मेरी श्रद्धा है'—कहकर सत्य की रक्षा करता है। किन्तु वह एकांगी श्रद्धा नहीं करता—'यही सत्य है, अन्य सब मिथ्या।'... भारद्वाज! इतने से सत्य की रक्षा होती है। इतने से हम सत्य की रक्षा प्रज्ञापित करते हैं। किन्तु (इतने से) सत्य का बोध नहीं होता।"

"भो गौतम! ...सत्य का बोध कितने से होता है? कितने से सत्य को समझता है? भो गौतम! यह हम आपसे पूछते हैं।"

"भारद्वाज! भिक्षु किसी ग्राम या निगम के आश्रय से विहार करता है। गृहपति या गृहपति-पुत्र जाकर, लोभ, द्वेष, मोह, इन तीन धर्मों के विषय में उसकी परीक्षा लेता है...जब परीक्षा लेते हुए उसे लोभ, द्वेष, मोह, इन तीन धर्मों से विशुद्ध पाता है तो उसमें श्रद्धा स्थापित करता है। श्रद्धावान् बनकर समीप जाता है, समीप जाकर उपासीन होता है, उपासीन होकर कान लगाता है, कान लगाकर धर्म सुनता है, धर्म को सुनकर धारण करता है, धारण किए हुए धर्मों के अर्थ की परीक्षा करता है, अर्थ की परीक्षा होने पर धर्म ध्यान करने योग्य होते हैं, धर्मों के ध्यानयोग्य होने से स्मृति और रुचि उत्पन्न होती है, रुचि रखने वाला उत्साह करता है, उत्साह करते हुए उत्थान करता है, उत्थान करते हुए पराक्रम करता है, पराक्रमी होकर इसी काया में ही परम सत्य का साक्षात्कार करता है, प्रज्ञा द्वारा उसे बेधकर देखता है। इतने से, भारद्वाज! सत्य का बोध होता है, इतने से सत्य को समझता है। किन्तु (इतने से) सत्य की प्राप्ति नहीं होती।"

"भो गौतम!...सत्य की प्राप्ति कितने से होती है? कितने से सत्य को प्राप्त करता है? हम आप गौतम से सत्य की प्राप्ति पूछते हैं।"

"भारद्वाज! उन्हीं धर्मों का सेवन करने से, उनकी भावना करने से, उनकी वृद्धि करने से, सत्य की प्राप्ति हाती है। इतने से, भारद्वाज! सत्य की प्राप्ति होती है, सत्य को प्राप्त करता है, इतने से हम सत्य की प्राप्ति बतलाते हैं..."

: ६ :

...शुभ[७] माणवक ने भगवान् से यह कहा: "भो गौतम! मैंने यह सुना है कि श्रमण गौतम ब्रह्म के साथ सारूप्यता का मार्ग बतलाता है।"

"तो क्या मानते हो, माणवक! नलकार-ग्राम यहाँ से समीप है, नलकार-ग्राम यहाँ से दूर नहीं है ना?"

"हाँ, भो गौतम! नलकार-ग्राम यहाँ से समीप है, नलकार-ग्राम यहाँ से दूर नहीं है।"

"तो क्या मानते हो, माणवक! यहाँ कोई पुरुष नलकार-ग्राम में जन्मे, बढ़े,

---

७. सुभ-सुत्तन्त, मज्झिम-निकाय, सुत्त-पिटक।

वास करने वाले पुरुष से नलकार-ग्राम का मार्ग पूछे। तो, माणवक! नलकार-ग्राम में जन्मे, बढ़े पुरुष को नलकार-ग्राम का मार्ग पूछे जाने पर दुविधा अथवा जड़ता होगी?''

''नहीं, भो गौतम!''

''सो क्यों?''

''भो गौतम! वह पुरुष नलकार-ग्राम में जन्मा है, बढ़ा है, उसको नलकार-ग्राम के सभी मार्ग सुविदित हैं।''

''माणवक! नलकार-ग्राम में जन्मे, बढ़े उस पुरुष को नलकार-ग्राम का मार्ग पूछे जाने पर दुविधा अथवा जड़ता हो सकती है, किन्तु तथागत को ब्रह्मलोक अथवा ब्रह्मलोक-गामी मार्ग पूछे जाने पर दुविधा अथवा जड़ता नहीं हो सकती। माणवक! मैं ब्रह्म को, ब्रह्मलोक को और ब्रह्मलोक-गामी-मार्ग को जानता हूँ, और मार्ग पर आरूढ़ होने पर जैसे ब्रह्मलोक में उत्पन्न होता है, उसको भी जानता हूँ...''

: ७ :

...'एक ओर बैठकर आयुष्मान आनन्द बोले: ''भन्ते!...क्या इस धर्म-विनय में भी **ब्रह्म-यान** का निर्देश किया जा सकता है?''

भगवान् बोले : ''हाँ, आनन्द! किया जा सकता है। आनन्द! इसी आर्य अष्टांगिक-मार्ग को ब्रह्मयान कहते हैं, **धर्मयान** भी, और **अनुत्तर संग्राम-विजय** भी।

''आनन्द! सम्यक्-दृष्टि के चिन्तन एवं अभ्यास से राग का अन्त हो जाता है, द्वेष का अन्त हो जाता है, मोह का अन्त हो जाता है। सम्यक्-संकल्प के चिन्तन एवं अभ्यास से राग का अन्त हो जाता है, द्वेष का अन्त हो जाता है, मोह का अन्त हो जाता है। सम्यक्-वाचा के चिन्तन एवं अभ्यास से राग का अन्त हो जाता है, द्वेष का अन्त हो जाता है, मोह का अन्त हो जाता है। सम्यक्-कर्मान्त के चिन्तन एवं अभ्यास से राग का अन्त हो जाता है, द्वेष का अन्त हो जाता है, मोह का अन्त हो जाता है। सम्यक्-आजीव के चिन्तन एवं

---

८. ब्रह्म-सुत्त, संयुत्त-निकाय (४३-१-४), सुत्त-पिटक।

अभ्यास से राग का अन्त हो जाता है, द्वेष का अन्त हो जाता है, मोह का अन्त हो जाता है। सम्यक्-व्यायाम के चिन्तन एवं अभ्यास से राग का अन्त हो जाता है, द्वेष का अन्त हो जाता है, मोह का अन्त हो जाता है। सम्यक्-स्मृति के चिन्तन एवं अभ्यास से राग का अन्त हो जाता है, द्वेष का अन्त हो जाता है, मोह का अन्त हो जाता है। सम्यक्-समाधि के चिन्तन एवं अभ्यास से राग का अन्त हो जाता है, द्वेष का अन्त हो जाता है, मोह का अन्त हो जाता है।

"आनन्द! इस प्रकार भी समझना चाहिए कि आर्य अष्टांगिक-मार्ग को ब्रह्म-यान कहते हैं, धर्मयान भी, और अनुत्तर संग्राम-विजय भी।"

भगवान् ने यह कहा। यह कहकर बुद्ध फिर भी बोले :

"जिसकी धुरी में श्रद्धा, प्रज्ञा और धर्म सदा जुते रहते हैं,
"ह्री ईषा, मन लगाम, और स्मृति सावधान सारथी है॥ १॥
"शील के साजवाला रथ, ध्यान अक्ष, वीर्य चक्र,
"उपेक्षा-समाधि धुरी, अनित्य-बुद्धि रथछत्र॥ २॥
"अव्यापाद, अहिंसा और विवेक जिसके आयुध हैं,
"तितीक्षा युद्धोपयोगी कवच है, जो रक्षा के निमित्त लगा है॥ ३॥
"इस **ब्रह्मयान** को अपनाकर, धीर पुरुष इस संसार से पार चले जाते हैं,
"यह उनकी परम विजय है॥ ४॥"

: ८ :

..."भिक्षुओ![९] यह भिक्षु **श्रमण** भी कहा जाता है, **ब्राह्मण** भी, स्नातक भी, **वेदगू** भी, **श्रोत्रिय** भी, **आर्य** भी, **अर्हत** भी।

"भिक्षुओ! भिक्षु श्रमण कैसे होता है? इसके मलिन करने वाले, पुनर्जन्म देने वाले, भयप्रद, दुःखविपाक वाले, भविष्य में जरामरण में फाँसने वाले अकुशल धर्म, पाप **शमन** हो गए हैं। इस प्रकार, भिक्षुओ! भिक्षु श्रमण (=समन) होता है।

"भिक्षुओ! भिक्षु ब्राह्मण कैसे होता है? इसके मलिन करने वाले, पुनर्जन्म देने वाले, भयप्रद, दुःखविपाक वाले, भविष्य में जरामरण में फाँसने वाले

९. महा-अस्सपुर सुत्तन्त, मज्झिम-निकाय, सुत्त-पिटक।

अकुशल धर्म, पाप **वाहित** हो गए हैं। इस प्रकार, भिक्षुओ! भिक्षु ब्राह्मण (=बाहण) होता है।

"भिक्षुओ! भिक्षु स्नातक कैसे होता है? इसके मलिन करने वाले, पुनर्जन्म देने वाले भयप्रद, दुःखविपाक वाले, भविष्य में जरामरण में फाँसने वाले अकुशल धर्म, पाप **स्नात** हो गए हैं। इस प्रकार, भिक्षुओ! भिक्षु स्नातक होता है।

"भिक्षुओ! भिक्षु वेदगू कैसे होता है? इसके मलिन करने वाले, पुनर्जन्म देने वाले, भयप्रद, दुःखविपाक वाले, भविष्य में जरामरण में फँासने वाले अकुशल धर्म, पाप **विदित** हो गए हैं। इस प्रकार, भिक्षुओ! भिक्षु वेदगू होता है।

"भिक्षुओ! भिक्षु श्रोत्रिय कैसे होता है? इसके मलिन करने वाले, पुनर्जन्म देने वाले, भयप्रद, दुःखविपाक वाले, भविष्य में जरामरण में फाँसने वाले अकुशल धर्म, पाप **निश्रुत** हो गए हैं। इस प्रकार, भिक्षुओ! भिक्षु श्रोत्रिय होता है।

"भिक्षुओ! भिक्षु आर्य कैसे होता है? इसके मलिन करने वाले, पुनर्जन्म देने वाले, भयप्रद, दुःखविपाक वाले, भविष्य में जरामरण में फँासने वाले अकुशल धर्म, पाप **आरक** हो गए हैं। इस प्रकार, भिक्षुओ! भिक्षु आर्य होता है।

"भिक्षुओ! भिक्षु अर्हत् कैसे होता है? इसके मलिन करने वाले, पुनर्जन्म देने वाले, भयप्रद, दुःख-विपाक वाले, भविष्य में जरामरण में फँासने वाले अकुशल धर्म, पाप **आरक** हो गए हैं। इस प्रकार, भिक्षुओ! भिक्षु अर्हत् होता है।"

भगवान् ने यह कहा। उन भिक्षुओं ने सन्तुष्ट होकर भगवान् के भाषण का अभिनन्दन किया।

चौथा परिच्छेद

बौद्धमतः हिन्दूधर्म का ही सम्प्रदाय[1]

बौद्धमत, कई-सौ वर्ष का दीर्घ प्रवास पूरा करके, आज फिर से अपनी जन्मभूमि, भारतवर्ष, में लौट रहा है। और इस देश में उसका समुचित स्वागत किया जा रहा है। यह सत्य है कि हिन्दूधर्म का साधारण अनुयायी स्वभावतः ही सहिष्णु होने के कारण बौद्धमत का स्वागत कर रहा है। और यह भी सत्य है कि हिन्दूधर्म का साधारण अनुयायी दीर्घकाल तक धर्म के विषय में उदासीन रहते रहने के कारण भी बौद्धमत का स्वागत कर रहा है। किन्तु हिन्दूधर्म के साधारण अनुयायी द्वारा बौद्धमत के स्वागत का सबसे महत्त्वपूर्ण कारण यह है कि भगवान् बुद्ध तथा बौद्धमत हिन्दुत्व की चेतना के अन्तरङ्ग अवयव हैं।

भगवान् बुद्ध का जन्म एक हिन्दूकुल में हुआ था। चाहे हम बौद्धमत के उदय, उत्थान तथा पराकाष्ठा को दृष्टिगोचर करें, चाहे बौद्धमत के शिल्प, स्थापत्य, मूर्तिकला, भाषा, श्रद्धा, मनीषा, शब्दावलि, नामानुक्रम, विनय-नियम तथा अध्यात्म-साधना को लक्ष्य करें, हिन्दुत्व की भावना उसके अङ्ग-प्रत्यङ्ग में व्याप्त है। बौद्धमत भले ही दीर्घकाल तक सुदूर विदेशों में वास करता रहा हो, उसकी अध्यात्म-साधना की अभिव्यक्ति तथा उसका ऊर्ध्ववस्थ अध्यात्म-साक्षात्कार अभी भी हिन्दुत्व का परिचय देता है।

हिन्दूधर्म का सर्वस्व बौद्धमत में परिभुक्त नहीं है। किन्तु बौद्धमत का सर्वस्व अवश्य ही उस परम्परा के अन्तर्गत है जिसका तात्त्विक बोध हिन्दूधर्म के नाम से होता है।

यद्यपि हिन्दूधर्म का साधारण अनुयायी, जिसकी चेतना में एक सुदूर अतीत की स्मृति संचित है, इस प्रकार के मनोभाव का परिचय देता है, तो भी कतिपय

---

१. मूल अंग्रेजी लेख जुलाई १९५८ में एक अंग्रेजी साप्ताहिक में छपा था। फरवरी १९६१ में छपा प्रथम हिन्दी अनुवाद उस मूल लेख का रूपान्तर था। तदनन्तर मूल लेख में दो बार छोटे-मोटे संशोधन किए गए हैं, जो प्रस्तुत हिन्दी अनुवाद में भी यथासाध्य किए गए हैं। चक्रवर्ती राजगोपालाचार्य ने मूल अंग्रेजी लेख को पढ़ कर इस के विषय में अपना मत प्रकट किया जो उनके अंग्रेजी साप्ताहिक *स्वराज्य* के २१ मई १९६६ के अंक में छपा।

वितण्डावादी विद्वान् एक सर्वथा विपरीत आशय का निष्कर्ष निकाले जा रहे हैं। इनकी शास्त्रीय गवेषणा का मूलभूत सिद्धान्त यह है कि प्रत्येक दृष्टि तथा प्रत्येक सम्प्रदाय को स्वत:-सम्पूर्ण मानकर ही उसकी व्याख्या होनी चाहिए। अतएव ये विद्वान् किसी भी धर्मसम्प्रदाय की व्याख्या करते समय उसको उसकी प्राणवान् परम्परा से पृथक् कर डालते हैं। इनमें से कई-एक तो अपने-आपको इसीलिए बौद्धमत के पण्डित मान बैठे हैं कि उन्होंने बौद्ध-ग्रन्थों का अनुवाद किया है। और पण्डितों का यह परिवार आज प्रचार कर रहा है कि बौद्धमत ने हिन्दूधर्म के विरुद्ध विद्रोह किया था। इनके मतानुसार वह विद्रोह केवल तत्कालीन वर्णव्यवस्था अथवा यज्ञप्रधान उपासना-पद्धति के विरुद्ध ही नहीं था, अपितु उस युग की समस्त अध्यात्म-साधना तथा तत्त्वमीमांसा के विरुद्ध भी था।

दूसरी ओर, जडवादी तथा सेक्युलरवादी राजनीति के अनुयायी कई-एक सत्तारूढ़ नेतागण बौद्धमत का स्वागत इसलिए कर रहे हैं कि इनके मतानुसार बौद्धमत हिन्दूधर्म के कुछ 'अतीन्द्रिय अन्धविश्वासों' का युगानुकूल प्रतिरोध करने में समर्थ हो सकेगा। इनका विश्वास है कि "हिन्दूधर्म के अन्धविश्वास राष्ट्र को दुर्बल बना रहे हैं।" इनकी दृष्टि में भगवान् बुद्ध नव्य-न्याय के एक ऐसे प्रवीण पण्डित थे जिनका, प्रमाण के नाते, प्रत्यक्ष तथा अनुमान पर ही पूर्ण विश्वास था। वे स्वभावत: ही संशय-सम्पन्न थे। इसलिए उन्होंने अध्यात्म की सर्वसम्मत मान्यताओं के थोथेपन को तुरन्त ही देख लिया। किन्तु वे लोकमत-भीरु भी थे। इसलिए उन्होंने अध्यात्म के विषय में अपने **प्रकृत** मत को प्रकाश रूप से प्रकट नहीं किया। वरन् अध्यात्म के प्रति एक कूट-मौन का आश्रय लेकर, उहोंने जनता में एक **बुद्धिगम्य शील** का प्रचार किया। इस शील का नाम उन्होंने शीलत्रय बतलाया। और इस प्रकार उन्होंने एक ही वार करके अन्धविश्वास के व्यूह को भेद दिया।

डॉ० राधाकृष्णन् अध्यात्म-सम्बन्धी धारणाओं से अनभिज्ञ नहीं हैं। किन्तु वे भी ऐसी-बातें कहते रहते हैं कि जिनसे बौद्धमत की इस लोकायत व्याख्या को ही समर्थन मिलता है। भगवान् बुद्ध के विषय में उनका कथन है : "वे बुद्धिवादी हैं। कारण, वे किसी भी अपौरुषेय श्रुति का आश्रय लिए बिना वस्तुसत्य अथवा अनुभूति का ही अन्वेषण करना चाहते थे। उनकी आकांक्षा

थी कि वे तर्क के बल पर ही लोगों द्वारा अपने उपदेश को स्वीकार करवाएँ... वे एक विशुद्ध बुद्धिवादी धर्मसम्प्रदाय की स्थापना के लिए प्रयत्नशील थे। वे एक ऐसे कूटतार्किक थे जो अपने प्रतिपक्षी के साथ विवाद करके उसे मोक्ष-मार्ग की ओर ले जाना चाहते हैं।'' एक अन्य अवसर पर उन्होंने भगवान् बुद्ध को एक अर्वाचीन संशयवादी बनाकर प्रस्तुत किया है। वे कहते हैं : ''किसी भी विषय में कोई निश्चित मत प्रकट करने से विरत रहना ही बुद्ध का सिद्धान्त था।''

इस प्रकार, बौद्धमत को बुद्धिवाद और केवल सामाजिक शील का प्रचार करने वाला सम्प्रदाय बनाकर प्रस्तुत किया जा रहा है। उस सम्प्रदाय में अध्यात्म-जैसे ''अवाच्छनीय अन्धविश्वास'' का कोई स्थान नहीं। उस सम्प्रदाय में शील को आत्मा अथवा परमात्मा के प्रपञ्च से मुक्त कर दिया गया है।

किन्तु हम बौद्धमत की इन व्याख्याओं का प्रत्याख्यान करते हैं। यह सत्य है कि भगवान् बुद्ध एक विज्ञ पुरुष थे जिनकी दृष्टि बाह्य आडम्बर को भेद कर तुरन्त ही अन्तःसार पर आविष्ट हो जाती थी। किन्तु वे एक आधुनिक ढंग के बुद्धिवादी तो बिल्कुल नहीं थे। इसके विपरीत, वे उन कोरे बुद्धिवादी सिद्धान्तों के विषय में जो प्रत्येक युग के वितण्डावादियों को प्रिय होते हैं, उत्कट जुगुप्सा ही प्रकट करते रहते थे। उन्होंने बुद्धिवादियों के सिद्धान्त-संग्रह-सम्बन्धी समस्त अध्यवसाय को ''दृष्टि-गहन, दृष्टि-कान्तार, दृष्टि-विशूक, दृष्टि-विस्पन्दित, दृष्टि-संयोजन'' बतलाया था जो ''दुःखमय, विघातमय, उपायास-मय, परिदाह-मय है।''[२]

भगवान् बुद्ध ने सत्य का साक्षात्कार करने के लिए वर्गीकरण, अनुतुलन, निर्णयन, निष्कर्षण, प्रयोगीकरण इत्यादि साधारण बुद्धिवादी प्रणालियों का अवलम्बन कभी नहीं लिया। वरन् उन्होंने तो ध्यान, समाधि तथा अनासक्ति-योग की प्रणाली को ही अपनाया था। यह वह प्रणाली है जिसके द्वारा साधक अपनी प्रकृत बुद्धि का अतिक्रमण करके परमसत्य के प्रकाश को प्राप्त करता है। यह वह प्रणाली है जिसके परिणामस्वरूप पारमार्थिक आलोक का

---

२. अग्गि-वच्छगोत्त-सुत्तन्त, मज्झिम-निकाय, सुत्त-पिटक।

अकस्मात् उदय होता है।

हम उस सिद्धान्त को भी स्वीकार नहीं करते जो बौद्धमत को केवल एक शील-सम्बन्धी अनुशासन सिद्ध करना चाहता है। पण्डित नेहरू इस मिथ्यादृष्टि के प्रचण्ड प्रचारक रहे हैं। किन्तु भगवान् बुद्ध ने तो अपने श्रीमुख से ही इस कोटि के अपने उपासकों की भीषण भर्त्सना की है। उन्होंने इस प्रकार के लोगों को 'पृथग्जन' तथा 'अज्ञ' बतलाया है। भगवान् बुद्ध का आग्रह है कि शील के सम्बन्ध में उनके शिक्षापद तो 'अत्यन्त क्षुद्र' तथा 'गौण' हैं। उन्होंने स्वयं प्रज्ञापित किया है कि 'समाधि' तथा 'प्रज्ञा' के विषय में दिया गया उनका उपदेश ही सब से महत्वपूर्ण है।

इस प्रसंग में हम बौद्धमत की एक तृतीय व्याख्या की विशेष विवेचना नहीं करना चाहते। वह व्याख्या विषादवादी है। उस व्याख्या के अनुसार 'विषाद', 'सूनापन', 'सत्त्वहीनता' तथा 'निस्सारता' इत्यादि की अनुभूति ही बौद्धमत का मर्म है।

ये समस्त व्याख्याएँ यह स्वीकार करना नहीं चाहतीं कि बौद्धमत द्वारा प्रस्तुत शील तथा बुद्धि का एक ऊर्ध्वस्थ आध्यात्मिक आधार है। यही नहीं, ये व्याख्याएँ बौद्धमत के आधारभूत पारमार्थिक सिद्धान्तों को भी एक लोकायत रूप देने का प्रयत्न कर रही हैं। ६ अक्तूबर १९५७ के दिन टोकियो में भाषण करते हुए पण्डित नेहरू ने कहा : "जापान, चीन तथा भारत के बीच एक गाढ़ा सम्बन्ध रहा है। और उस सम्बन्ध का आधार है बौद्धमत द्वारा दिया गया करुणा का सन्देश। **किन्तु इस करुणा को किसी आध्यात्मिक अर्थ में नहीं समझना चाहिए।**"

ऐसी करुणा की अवधारणा सम्भव है जिसका आधार अध्यात्म न हो। और वह करुणा चीन तथा भारत के बीच उभय-साधारण भी हो सकती है। किन्तु वह करुणा किसी अर्थ में भी भगवान् बुद्ध की करुणा नहीं कही जा सकती। भगवान् बुद्ध की करुणा तो सम्यक्-सम्बुद्ध की अगाध एवं अम्लान करुणा थी। वह करुणा उन समस्त प्राणियों के लिए थी जो जन्म, जरा, व्याधि और मरण के मायाजाल में जकड़े हुए हैं, जो आवागमन के चक्र में फँसे हुए हैं। लोकायत करुणा तो इसके सर्वथा विपरीत ही हो सकती है। उस करुणा के विषय में हम तो केवल अनुमान ही लगा रहे हैं। कदाचित् वह उस

समग्रवादी सरकार की करुणा है जो अपने तन्त्र में अवरूद्ध जनता के आर्थिक अध्यवसाय तथा बौद्धिक एवं आध्यात्मिक जीवन पर पूर्ण आधिपत्य जमा लेती है।

: २ :

बुद्ध का मौन

इस संक्षिप्त विषयान्तर के उपरान्त अब हम उस प्रसंग की ओर लौटते हैं। जिससे इस लेख का सूत्रपात हुआ था — उस विवेचना की ओर कि बौद्धमत का अपनी पितृभूत अध्यात्म-परम्परा अर्थात् हिन्दूधर्म के साथ क्या सम्बन्ध है।

इस सम्बन्ध का स्वरूप दो कारणों से आच्छन्न एवं अन्यथा हो गया है। और इस सम्बन्ध की अन्तरंगता का दो कारणों से अल्पीकरण हुआ है। एक कारण है भगवान् बुद्ध का वह मौन जो उन्होंने ब्रह्म, आत्मा, परमात्मा इत्यादि से जुड़े प्रश्नों के प्रसंग में धारण किया। उपनिषद् साहित्य में ये ही प्रश्न सर्वप्रमुख हैं। दूसरा कारण है भगवान् बुद्ध की व्यक्तिगत व्याख्या एवं व्यञ्जना। उस प्रकार की व्यञ्जना उपनिषदों में अविद्यमान नहीं है। किन्तु वहाँ वह एक बृहत्तर समष्टि का एक अङ्ग मात्र है, और इसलिए वह पलायन-प्रवृत्ति तथा दुःखवाद का वैसा एकांगी आभास नहीं उपजाती जैसा कि बुद्धवचन में झलकता है।

प्रथमतः हम भगवान् बुद्ध के मौन की विवेचना करेंगे। आत्मा तथा परमात्मा के विषय में उनके द्वारा विवाद न किए जाने के दो कारण थे। उन्होंने उन समस्त प्रश्नों का उत्तर देना अस्वीकार कर दिया जिनका सम्बन्ध व्यक्ति के आध्यात्मिक कल्याण के साथ क्रियात्मक रूप में सिद्ध नहीं होता। अध्यात्म स्वभावतः ही क्रियापरक होता है। अध्यात्म कभी भी बुद्धिवादी सिद्धान्तों के वितण्डावाद में व्यस्त नहीं रहता।

भगवान् बुद्ध के युग में तो यह मौन अत्यन्त आवश्यक भी था। बौद्ध साहित्य के अवलोकन से उस युग का जो परिचय प्राप्त होता है उससे यह स्पष्ट हो जाता है कि देश में वितण्डावाद के अनेकानेक आत्मघातक सिद्धान्त सर्वत्र व्याप्त थे। और मत-मतान्तरों की इस विकट व्यूह-रचना में फँस कर

मानव-बुद्धि सर्वथा विपथगामी बनने लगी थी। उस समय तत्त्वमीमांसा के बासठ सिद्धान्त परस्पर विवाद कर रहे थे। अठारह सिद्धान्त सृष्टि के विषय में, और चवालीस सिद्धान्त प्रलय के विषय में। आहार को लेकर तपस्या करने की बाईस प्रणालियाँ थीं, वस्त्र को लेकर तपस्या करने की तेरह प्रणालियाँ। मरण के उपरान्त आत्मा की स्थिति को लेकर अनवरत वाद-विवाद होता रहता था।

इन वाद-विवाद करने वालों में अक्रियावादी थे, दैववादी थे, जडवादी थे, अकृतत्ववादी थे, अनिश्चितत्ववादी थे। और अनेक प्रकार के अन्य वादी-प्रतिवादी तथा वितण्डावादी थे। प्रत्येक नगर में विशाल कुतूहलशालाएँ बनी हुई थीं जहाँ पर ये सिद्धान्ती लोग समवेत होकर आत्मा-परमात्मा तथा दिक्-काल के विषय में विशद विवेचना करते रहते थे। बुद्धि के इस घात-प्रतिघात में अध्यात्म-साधना का प्रसंग यदि विस्मृत हो जाता था तो यह कोई विस्मय का विषय नहीं। बुद्धि की कतरब्योंत अध्यात्म-साधना का स्थान लेती जा रही थी।

इस प्रकार का वातावरण किसी भी अध्यात्म-साधक के लिए नितान्त विरक्ति का विषय होता है। अध्यात्म-साधक बुद्धि के व्यर्थ वितर्क की अपेक्षा सम्यक् साधना को ही अधिक उपादेय मानता है। इसलिए यह आश्चर्य की बात नहीं कि भगवान् बुद्ध ने इन प्रश्नों का उत्तर देना अस्वीकार कर दिया। प्रवीण पण्डित उनके पास आ-आकर इन्हीं प्रश्नों को अनेक प्रकार से पूछते थे। किन्तु भगवान् बुद्ध ने मौन रहकर ही इन समस्त प्रश्नों का प्रत्युत्तर दिया।

यह सत्य कि भगवान बुद्ध की साधना सर्वथा क्रियापरक थी, उस संवाद से स्पष्टतया सिद्ध हो जाता है जो उन्होंने ने आयुष्मान् मालुंक्यपुत्र नाम के भिक्षु के साथ किया था। भिक्षु ने अपने-आप से कहा : "भगवान् ने इन दृष्टियों को अव्याकृत, स्थापित, प्रतिक्षिप्त कर दिया है—लोक शाश्वत है, लोक अशाश्वत है, लोक अन्तवान् है, लोक अनन्त है, जीव और शरीर एक हैं, जीव अन्य है, शरीर अन्य है, मृत्यु के उपरान्त तथागत होते हैं, मृत्यु के उपरान्त तथागत नहीं होते, मृत्यु के उपरान्त तथागत होते भी हैं, नहीं भी होते, मृत्यु के उपरान्त तथागत न होते हैं, न नहीं होते। इनको भगवान् मुझे नहीं बतलाते।" अतएव उसने निश्चय किया कि भगवान् बुद्ध ने यदि यह सब उसको नहीं समझाया तो वह उनके पास ब्रह्मचर्य-वास नहीं करेगा।

भगवान् ने उसके संशय का निवारण एक अनुपम उपमा द्वारा किया। उन्होंने कहा : "जैसे, मालुंक्यपुत्त! कोई पुरुष गाढ़े लेपवाले विष से युक्त शल्य द्वारा विद्ध हो। उसके हित-मित्र, बन्धु-बान्धव शल्यचिकित्सक भिषक् को ले आवें। वह यह कहे : 'मैं तब तक इस शल्य को नहीं निकालने दूँगा जब तक मुझे बेधने वाले उस पुरुष को न जान लूँ कि वह क्षत्रिय है, ब्राह्मण है, वैश्य है, या शूद्र है।' वह यह कहे : 'मैं तब तक इस शल्य को नहीं निकालने दूँगा जब तक मुझे बेधने वाले उस पुरुष को न जान लूँ कि वह अमुक नाम का, अमुक गोत्र का है।' वह यह कहे : 'मैं यह शल्य तब तक नहीं निकालने दूँगा जब तक मैं यह न जान लूँ कि वह पुरुष दीर्घकाय है, लघुकाय है, या मध्यमकाय है।' वह यह कहे : 'मैं यह शल्य तब तक नहीं निकालने दूँगा जब तक मैं यह न जान लूँ कि वह पुरुष कृष्ण, श्याम अथवा मत्स्य वर्ण का है।' वह यह कहे : 'मै तब तक इस शल्य को नहीं निकालने दूँगा जब तक मैं यह न जान लूँ कि वह पुरुष अमुक ग्राम अथवा निगम अथवा नगर में है।' वह यह कहे: 'मैं तब तक यह शल्य नहीं निकालने दूँगा जब तक मुझे बेधने वाले उस धनुष को न जान लूँ कि वह चाप है या कोदण्ड।' वह यह कहे : 'मैं तब तक शल्य नहीं निकालने दूँगा जब तक मैं उस ज्या को न जान लूँ कि वह मदार की, या संठे की, या ताँत की, या मरुवा की, या क्षीर-पर्णी की बनी हुई है।' वह यह कहे : 'मैं तब तक यह शल्य नहीं निकालने दूँगा जब तक मैं उस शर को न जान लूँ कि वह कच्छ का है या सर्पत का है।' वह यह कहे : 'मैं तब तक यह शल्य नहीं निकालने दूँगा जब तक मैं उस शर के पंख को न जान लूँ कि वह श्येन का, या गिद्ध का, या काक का, या कुलल का, या मयूर का, या शिथिलहनु का है।' वह यह कहे : 'मैं इस शल्य को तब तक नहीं निकालने दूँगा जब तक मैं उस तीर की ताँत को न जान लूँ कि वह गो की, या महिष की, या गोरुव की, या वानर की है।' वह यह कहे : 'मैं तब तक इस शल्य को नहीं निकालने दूँगा जब तक मैं उस शल्य को न जान लूँ कि वह शल्य, या क्षुरप्र, या वेकण्ड, या नाराच, या वत्सदन्त, या करवीर-पत्र है।' मालुंक्यपुत्त! वे सब तो अज्ञात ही रह जाएँगे और वह पुरुष मर जायगा।"

भगवान् ने आगे कहा : "ऐसे ही, मालुंक्यपुत्त! जो ऐसा कहे : 'मैं तब

तक भगवान् के पास ब्रह्मचर्य-वास नहीं करूँगा जब तक तथागत मुझे यह नहीं बतलाते कि लोक शाश्वत है, अथवा लोक अशाश्वत है... अथवा मृत्यु के उपरान्त तथागत न होते हैं, न नहीं होते हैं,' तो तथागत के कुछ बतलाने से पूर्व ही, मालुंक्यपुत्त! वह पुरुष मर जायगा।''

और भगवान् ने यह निष्कर्ष निकाला : ''मालुंक्यपुत्त! 'लोक शाश्वत है' इस दृष्टि के होने पर ही क्या ब्रह्मचर्य-वास होगा? ऐसा भी नहीं है। 'लोक अशाश्वत है' इस दृष्टि के होने पर ही क्या ब्रह्मचर्य-वास होगा? ऐसा भी नहीं है। मालुंक्यपुत्त! चाहे 'लोक शाश्वत है' यह दृष्टि रहे; चाहे 'लोक अशाश्वत है' यह दृष्टि रहे; चाहे 'लोक अन्तवान् है' यह दृष्टि रहे; चाहे 'लोक अनन्त है' यह दृष्टि रहे; चाहे 'जीव और शरीर एक हैं' यह दृष्टि रहे; चाहे 'जीव अन्य है, शरीर अन्य है' यह दृष्टि रहे; चाहे 'मृत्यु के उपरान्त तथागत होते हैं' यह दृष्टि रहे; चाहे 'मृत्यु के उपरान्त तथागत नहीं होते' यह दृष्टि रहे; चाहे 'मृत्यु के उपरान्त तथागत होते भी हैं, नहीं भी होते' यह दृष्टि रहे; चाहे 'मृत्यु के उपरान्त तथागत न होते हैं, न-नहीं होते हैं' यह दृष्टि रहे—जन्म है ही, जरा है ही, मरण है ही, शोक, परिदेवना, दु:ख, दौर्मनस्य, उपायास हैं ही, जिनके इसी जन्म में विघात को मैं बतलाता हूँ। मालुंक्यपुत्त! ये सब प्रश्न सार्थक नहीं है। आदि-ब्रह्मचर्य-उपयोगी नहीं हैं। न ये निर्वेद, वैराग्य, निरोध, उपशम, अभिज्ञा, सम्बोधि, निर्वाणा के लिए हैं।''

एक और भी कारण से भगवान बुद्ध ने तात्त्विक प्रश्नों की विवेचना करना अस्वीकार किया। ये प्रश्न केवल निरर्थक ही नहीं हैं, अपितु इनके उत्तर किसी बुद्धिगम्य भाषा में देना भी असम्भव है। केनोपनिषद् में कहा गया है : ''वहाँ न तो चक्षु-इन्द्रिय पहुँच सकती है, न वाक्-इन्द्रिय पहुँच सकती है, न मन ही। जिस प्रकार से इसको बतलाया जाए कि वह ऐसा है, वह प्रकार न तो हम स्वयं अपनी बुद्धि से जानते हैं, न दूसरों से सुनकर ही जानते हैं।'' भगवान् बुद्ध ने भी अपने-आप को ऐसी ही विवशता की स्थिति में पाया। अध्यात्म-सम्बन्धी समस्त साहित्य के अनुसार जो बातें बुद्धि के परे हैं उनको बुद्धिगम्य सिद्धान्तों के रूप में व्यक्त नहीं किया जा सकता। अतएव इन प्रश्नों का जो भी उत्तर दिया जाए वही 'अव्याकृत' रहता है। भगवान् बुद्ध बार-बार इस बात पर जोर देते थे।

इस बात को समझाने के लिए भी भगवान् बुद्ध ने एक अनुपम उपमा का आश्रय लिया। संयोगवश, उस उपमा ने मुक्त-आत्मा की वास्तविक स्थिति के विषय में उनके मत को भी सूचित कर दिया। अग्गिवच्छगोत्त-सुत्त में वे वच्छगोत्त से पूछते हैं : "वच्छ! यदि तेरे सामने आग जल रही हो, तो तू जानेगा—मेरे सन्मुख यह आग जल रही है। तू यह भी जानेगा—यह जो आग जल रही है वह तृण-काष्ठ के उपादान को लेकर जल रही है। यदि वच्छ! तेरे सन्मुख यह आग बुझ जाए, तो तू जानेगा—यह आग मेरे सन्मुख बुझ गई। किन्तु, वच्छ! यह जो आग तेरे सन्मुख बुझ गई, वह आग किस दिशा को गई—पूर्व को, पश्चिम को, उत्तर को, या दक्षिण को—ऐसा पूछने पर, वच्छ! तू क्या उत्तर देगा?"

वच्छ ने उत्तर दिया: "अव्याकृत है, भो गौतम! जो वह आग तृण-काष्ठ के उपादान को लेकर जली, उसके बुझ जाने पर, और अन्य (आहार) के न मिलने पर, आहार बिना 'बुझ गई' यही (उसका) नाम होता है।"

तब भगवान् ने निष्कर्ष निकाला : "ऐसे ही, वच्छ! तथागत को बतलाते समय जिस रूप से बतलाया जाता है, तथागत का वह रूप नष्ट हो गया, उच्छिन्न-मूल शिर-कटे ताड़ जैसा, अभाव-प्राप्त, भविष्य में-न-उत्पन्न-होने-योग्य हो गया। वच्छ! तथागत रूप-संज्ञा से मुक्त, महासमुद्र के समान गम्भीर, अपरिमेय, दुरवगाह्य हैं। 'उत्पन्न होते हैं', अव्याकृत है; 'उत्पन्न नहीं होते' अव्याकृत है; 'न उत्पन्न होते हैं, न-नहीं उत्पन्न होते है' अव्याकृत है।"

इसी बात के समान एक बात मुण्डकोपनिषद् के एक मन्त्र में कही गयी है :

यथा नद्यः स्यन्दमानाः समुद्रे-
ऽस्तं गच्छन्ति नामरूपे विहाय।
तथा विद्वान् नामरूपाद् विमुक्तः
परात्परं पुरुषमुपैति दिव्यम्॥

अर्थात् जिस प्रकार बहती हुई नदियाँ नाम-रूप को छोड़कर समुद्र में विलीन हो जाती हैं, वैसे ही जान लेने वाला नाम-रूप से मुक्त होकर परे-से-परे दिव्य पुरुष के पास पहुँच जाता है।

वस्तुतः मुक्त आत्मा अथवा जीव की स्थिति के विषय में कहा ही क्या

जा सकता है? क्या उसको व्यष्टिगत अथवा समष्टिमय अथवा परम-को-प्राप्त कहा जा सकता है? क्या उस स्थिति का वर्णन अथवा आकलन सम्भव है? क्या हम सहज अर्थ में उसको अस्तित्व अथवा अनस्तित्व कह सकते हैं? वह स्थिति तो गम्भीर, अपरिमेय, दुरवगाह्य है।

वेदान्त का उत्तर इससे विभिन्न नहीं है। यह सत्य है कि वेदान्त की भाषा अधिक स्वीकारात्मक है। किन्तु उस भाषा में व्यक्त उत्तर भी अन्यथा नहीं है। माण्डूक्योपनिषद् के अनुसार परमतत्त्व अदृष्ट, अग्राह्य, अचिन्त्य, अलक्षण, अव्यपदेश्य है।

आत्मा अथवा जीव जब तक पुद्‌गल-पदार्थ में अवरुद्ध रहता है, जगत् की सापेक्षता तथा उसके नाम-रूप में संश्लिस्ट रहता है, तब तक 'वह' जो-कुछ जानता है (अथवा जाना जाता है) ओर जिसको 'वह' आत्मभूत मानता है, वह सब परिवर्तनशील है, प्रवाहमान है, दुःख है, बन्धन है, इन्द्रियस्पर्शों का समुदाय मात्र है। किन्तु जब भव-बन्धन छिन्न हो जाता है, जब नाम-रूप-मय संसार विलीन और विलुप्त हो जाता है, तब तथागत अथवा मुक्त-आत्मा उस स्थिति में अवस्थान करता है जो "महासमुद्र के समान गम्भीर, अपरिमेय, दुरवगाह्य" होती है, और जो, जैसा कि हम आगे चलकर देखेंगे, मुक्ति, शान्ति, आनन्द तथा चैतन्य की सम्पदा से युक्त होती है।

: ३ :

निर्वाण की अनुभूति का मर्म

किसी भी समस्या के समाधान की दो प्रणालियाँ होती हैं—क्रियात्मक तथा सिद्धान्तात्मक, चित्तात्मक तथा तात्त्विक। उदाहरणार्थ, सांख्य-दर्शन तत्त्वों की विवेचना करता है, और योग-दर्शन उन तत्त्वों को स्वीकार करके क्रिया तथा साधना का संकेत देता है। इसी प्रकार, वेदान्त परमतत्त्व के स्वरूप की विवेचना करता है, तथा बौद्धमत उस साधना, शील तथा समाधि-मार्ग की जिसके द्वारा इन्द्रियातीत साक्षात्कार सम्भव होता है। उस साक्षात्कार को भाषाबद्ध करना ही भगवान् बुद्ध ने अस्वीकार कर दिया।

यह सत्य है कि भगवान् बुद्ध प्रज्ञा तथा चार आर्य-सत्यों की व्याख्या प्रस्तुत करते हैं। किन्तु वह व्याख्या भी प्रमुखतः साधना की दृष्टि से ही प्रस्तुत की

गई है—इसलिए कि साधक का चित्त उस व्याख्या पर निविष्ट हो सके, उसके अन्तर में वैराग्य उद्भूत हो, और वह नाम-रूप के संसार से विमुख हो जाए। उस व्याख्या का पारमार्थिक और तात्त्विक अर्थ तो साधना की समापना पर ही विदित हो पाता है। और जिस स्थिति में वह अर्थ विदित हो जाता है, उसी को बुद्धत्व, सम्बोधि, निर्वाण इत्यादि की संज्ञा दी जाती है। केवल इस परमोपब्धि का वर्णन करना ही भगवान् बुद्ध ने अस्वीकार किया है।

भगवान् बुद्ध द्वारा इस प्रकार मौन धारण कर लेने की अवस्था में भी क्या हम उनके आशय का आकलन कर सकते हैं? आकलन से हमारा अभिप्राय यह नहीं है कि हम सत्य का साक्षात्कार उसी प्रकार कर लें जिस प्रकार कि भगवान् बुद्ध ने किया था। वह सत्य बुद्धि के लिए तो सर्वथा अगम्य है। आकलन से हमारा आशय यही है कि क्या हम भगवान् बुद्ध को अध्यात्म-साधना की परम्परा में यथास्थान प्रतिष्ठित कर सकते हैं? अर्थात्, क्या भगवान् बुद्ध एक अकारण अकस्मात् थे—इस अर्थ में कि उनको जो साक्षात्कार हुआ वह उनके पूर्व किसी को नहीं हुआ था और उनके अनन्तर भी, उनके कतिपय प्रवीण शिष्य-प्रशिष्यों के अतिरिक्त, किसी को नहीं हुआ? अथवा वे अध्यात्म-साधना की एक ऐसी प्रमाण-परम्परा के प्रमुख एवं प्रतापवान् प्रतिनिधि थे जो कि उपनिषद्-ग्रन्थों में पूर्वप्रकारेण विकसित हुई है तथा जो प्रत्येक युग में, प्रत्येक अध्यात्म-सम्प्रदाय की श्रुति द्वारा प्रतिपादित की गई है? संक्षेप में, क्या वे अध्यात्म-साधना की उस परम्परा में प्रतिष्ठित थे जो, कुछ गौण प्रसंगों को छोड़कर, सनातन एवं सार्वजनीन है, अथवा वे मानवजाति की अध्यात्म-परम्परा में एक अकारण अकस्मात् एवं शुद्ध संयोगमात्र थे?

हमारा विश्वास है कि इस प्रकार प्रस्तुत किए जाने पर इस प्रश्न का उत्तर पाना दुःसाध्य नहीं रह जाता। भगवान् बुद्ध की अध्यात्म-अनुभूति एक अकारण अकस्मात् नहीं थी। वह अनुभूति अप्रत्याशित एवं व्यक्तिगत (पौरुषेय) भी नहीं थी। इसके विपरीत, वह अनुभूति सर्वथा प्रत्याशित एवं सार्वजनीन (अपौरुषेय) थी। और यह मान लेने के लिए कि उनकी अध्यात्म-अनुभूति पूर्णरूपेण वेदान्त की परम्परा के अन्तर्गत थी, हमारे पास अनेक प्रमाण हैं। भगवान् बुद्ध के शिक्षापदों का मनन करने पर तो यह निष्कर्ष अनिवार्य हो ही जाता है। स्वयं भगवान् बुद्ध ने भी इससे अधिक आग्रह नहीं किया। उन्होंने केवल यही आग्रह

किया है कि उन्होंने वह "सनातन मार्ग देख लिया जिस मार्ग पर पूर्व के सम्यक्-सम्बुद्ध चले थे।"

वेदान्त के अनुरूप ही बौद्धमत में भी परम-अनुभूति होने से पूर्व अहंकार का अतिक्रमण विधेय है। साधक को शून्य के समान प्रतीत होने वाले तत्त्व की सम्पूर्णता का बोध हो, उसके पूर्व सम्पूर्ण के समान प्रतीत होने वाले संसार की शून्यता का बोध हो जाना चाहिए। कठोपनिषद् के अनुसार "नैव वाचा न मनसा प्राप्तुं शक्यो न चक्षुषा", अर्थात् वह परब्रह्म न तो वाणी से, न मन से, और न नेत्रों से ही प्राप्त किया जा सकता है। तृष्णा का क्षय हो जाना चाहिए। बुद्धि समस्त तर्क-वितर्क, संकल्प-विकल्प तथा चांचल्य से विमुक्त हो जानी चाहिए। "यदा पञ्चावतिष्ठन्ते ज्ञानानि मनसा सह, बुद्धिश्च न विचेष्टति", अर्थात् जब मन के सहित पाँचों ज्ञानेन्द्रियाँ स्थिर हो जाती है, और बुद्धि भी किसी प्रकार की चेष्टा नहीं करती और "यदा सर्वे प्रभिद्यन्ते हृदयस्येह ग्रन्थय:", अर्थात् जब हृदय की सब ग्रन्थियाँ खुल जाती हैं, तब अध्यात्म-ज्ञान तथा विमुक्ति के उदय का आरम्भ होता है।

भगवान् बुद्ध उपनिषद् के उपरोक्त तत्त्वबोध का अनुमोदन करते हैं। वे कहते हैं : "वच्छ! तथागत का दृष्टिगत दोष दूर हो गया है। वच्छ! तथागत का यह दृष्ट है—रूप ऐसा है, रूप का समुदय ऐसा है, रूप का निरोध ऐसा है; वेदना ऐसी है, वेदना का समुदय ऐसा है, वेदना का निरोध ऐसा है; संज्ञा ऐसी है, संज्ञा का समुदय ऐसा है, संज्ञा का निरोध ऐसा है; संस्कार ऐसा है, संस्कार का समुदय ऐसा है, संस्कार का निरोध ऐसा है; विज्ञान ऐसा है, विज्ञान का समुदय ऐसा है, विज्ञान का निरोध ऐसा है। यह कहता हूँ—सारी मान्यताओं, सारे मन्थनों, सारे अहंकार-ममंकार, मान (आदि) चित्तदोषों के क्षय, विराग, निरोध, त्याग और अनुत्पत्ति से विमुक्त होता है।" मन तथा बुद्धि के उस अहंकार का, जो शाश्वत तथा सनातन-सा प्रतीत होता है, सर्वथा उपशम होना उपादेय है।

व्यावहारिक सत्ता के प्रत्याख्यान द्वारा ही नहीं, अपितु पारमार्थिक तत्त्व के प्रतिपादन द्वारा भी भगवान् बुद्ध उपनिषदों का ही अनुसरण करते हैं। जिस शून्यवादी व्याख्या के लिए बौद्धमत आज विख्यात है, वह नागार्जुन इत्यादि भगवान् के परवर्त्ती अनुयाइयों की ही कृति है। भगवान् के शिक्षापदों में तो

शून्यवाद का समर्थन करने वाला कोई संकेत नहीं मिलता।[३] सम्बोधि प्राप्त करने के उपरान्त भगवान् ने स्वयं कहा था : "मैंने अमृत, अनुत्तर योग-क्षेम निर्वाण को पा लिया।" उन्होंने निर्वाण की स्थिति उसको कहा था "जिसमें न जन्म रहता है, न जरा, न व्याधि, न मरण, न शोक, न संक्लेश।" उदान में इस स्थिति को "अजात, अभूत, अकृत, असंस्कृत" कहा गया है।

और यह तो प्राय:-प्राय: वेदान्त की ही भाषा है। ईशोपनिषद् में 'तत्' को अविनाशी, अमर, अपापविद्ध, अजन्मा, स्वयम्भू और परिभू कहा गया है; मुण्डकोपनिषद् में दिव्य, अमूर्त तथा शुभ्र; और श्वेताश्वतरोपनिषद् में अकल, अकार और महद्यशस्। उस स्थिति में जिसको भगवान् बुद्ध निर्वाण कहते हैं और जिसको वेदान्त ब्रह्मस्थिति बतलाता है, माण्डूक्योपनिषद् के अनुसार "प्रपञ्चोपशम" अर्थात् प्रपञ्च का पूर्ण अभाव हो जाता है। यह स्थिति "शाश्वतीसमा" अर्थात् सर्वदा एकरस रहने वाली और "गम्भीर, अपरिमेय तथा दुरवगाह्य" है।

बुद्धवचन में सम्बोधि की अध्यात्म-अनुभूति का जो मनोहारी वर्णन उपलब्ध है वह, परमतत्त्व के स्वरूप के विषय में, उपनिषद् के शिक्षापदों का ही अनुमोदन एवं समर्थन करता है। "उस समय भगवान् बुद्ध उरुवेला में नेरंजरा नदी के तीर पर बोधिवृक्ष के नीचे प्रथम अभिसम्बोधि को प्राप्त हुए। भगवान् एक सप्ताह तक विमुक्ति का आनन्द लेते हुए एक आसन से बोधिवृक्ष के नीचे बैठे रहे... तब सप्ताह व्यतीत होने पर भगवान् उस समाधि से उठकर बोधिवृक्ष के नीचे से वहाँ गए जहाँ अजपाल नाम का न्यग्रोध वृक्ष था। वहाँ पहुंचकर वे अजपाल न्यग्रोध वृक्ष के नीचे एक सप्ताह तक विमुक्ति का आनन्द लेते हुए एक आसन से बैठे रहे...।" इस प्रकार वे प्रत्येक सप्ताह के उपरान्त एक वृक्ष के नीचे से दूसरे वृक्ष के नीचे जाकर, लगातार उनचास दिन तक अतीन्द्रिय शान्ति तथा आनन्द का सुख अनुभव करते रहे।

यहाँ पर निर्वाण की अनुभूति का वर्णन 'शून्यता' अथवा 'अभाव' की भाषा

---

३. एडवर्ड कोन्जे नामक बौद्धमत के प्रमुख पण्डित के मतानुसार 'शून्य' शब्द अभिधम्भ के अनुयाइयों को ज्ञात अवश्य था, किन्तु पालि त्रिपिटक में, जो कि बौद्धमत का सर्वप्राचीन साहित्य है, इस शब्द का प्रयोग दो-चार बार ही हुआ है।

में व्यक्त नहीं होता, प्रत्युत् उस अनुभूति को 'समाधि, आनन्द, विमुक्ति तथा सम्बोधि' की संज्ञा दी गई है। यह वही भाषा है जिसका व्यवहार उपनिषदों में होता है। अनिर्वचनीय शान्ति, सत्, चित्, आनन्द, विज्ञान, विमुक्ति, प्रकाश। अध्यात्म की परम्परा में इस स्थिति को 'शून्य' भी कहा गया है, तथा 'पूर्ण' भी।

इस प्रकार सम्बोधि को प्राप्त होते समय भगवान् बुद्ध ने केवल एक 'गम्भीर, अपरिमेय, दुरवगाह्य' स्थिति में ही प्रवेश नहीं किया; उन्होंने केवल उस सत्य का ही साक्षात्कार नहीं किया जो कि उपनिषदों के वचनानुसार, 'शान्ति' तथा 'आनन्द' तथा 'मुक्ति' से पूर्ण है और अनिर्वचनीय है; अपितु व्यावहारिक जगत् की वास्तविकता का साक्षात्कार भी उनको प्राप्त हुआ। और उनके द्वारा दिया गया उस साक्षात्कार का विवरण उस विवरण से विभिन्न नहीं है जो कि वेदान्त व्यावहारिक जगत् के विषय में देता है। भगवान् बुद्ध ने एक क्षण में उस समस्त प्रपंच को प्रत्यक्ष कर लिया जिसके द्वारा यह संसार, यह सृजन और संहार, तथा जीवन का यह क्षणभंगुर प्रवाह सृष्ट होता है। उन्होंने उसको देख लिया जो कि अनन्त आवागमन का कारण है, और जो अनवरत जन्म, जरा, व्याधि तथा मृत्यु के व्यूह का रचयिता है। उन्होंने कर्म के महान विधान को—प्रतीत्य-समुत्पाद के विधान को—देख लिया। ''अविद्या के कारण संस्कार होता है; संस्कार के कारण विज्ञान होता है; विज्ञान के कारण नाम-रूप; नाम-रूप के कारण षडायतन; षडायतन के कारण स्पर्श; स्पर्श के कारण वेदना; वेदना के कारण तृष्णा; तृष्णा के कारण उपादान; उपादान के कारण भव; भव के कारण जन्म; जन्म के कारण जरा, मरण, शोक, परिदेव, दुःख, दौर्मतस्य और उपायास।''

उन्होंने इस प्रतीत्य-समुत्पाद का अनुलोम-प्रतिलोम मनन किया। उन्होंने देख लिया कि किस प्रकार इस शृङ्खला में समस्त दुःख-समुदाय का उदय होता है। उन्होंने यह भी देख लिया कि किस प्रकार इसकी अन्तिम कड़ी के क्षय से यह समूची शृङ्खला ध्वस्त हो जाती है और दुःख-पुँञ्ज का विनाश हो जाता है। और ज्यों ही उन्होंने व्यावहारिक जगत के विधान को देखा, त्यों ही वे बन्धन से विमुक्त हो गए। तब उन्होंने यह उदान कहा : ''गृहकार! अब मैंने तुझको देख लिया। तू फिर गृह-निर्माण नहीं कर सकेगा। तेरी सब कड़ियाँ टूट

चुकी हैं, गृह-शिखर बिखर गया है। चित्त निर्वाण को प्राप्त हो गया, तृष्णा का क्षय देख लिया।''

भगवान् बुद्ध ने जो कुछ देखा वह अध्यात्म की सार्वजनीन अनुभूति ही है। केवल उस अनुभूति का वर्णन विविध प्रकार से किया गया है। उस सार्वजनीन अनुभूति का वर्णन इस प्रकार भी किया जा सकता है — परमात्मा से विलग होकर यह संसार तथा मानवप्राणी, और पारमार्थिक सत्य से स्वाधीन माना हुआ यह व्यावहारिक जगत्, अकिंचित् है, अकिंचित् से भी न्यून है; इस प्रकार मान लेने पर यह जगत् विपर्यय है, माया है, अध्यास है, ताश के पत्तों का घरौंदा है, रेत का किला है, बुरादा मात्र है, भुस की ढेरी है, और प्रतिपल प्रचीयमान तथा दुर्गन्धपूर्ण कूड़े का ढ़ेर है; जो लोग परमात्मा को भूलकर संसार की कल्पना करते हैं वे मिथ्या मोह में ग्रस्त हैं।

वह 'गृहकार', जो जगत् की व्यूहरचना करता है, सर्वत्र विद्यमान है। जब पारमार्थिक ज्ञान का उदय होता है तो उसकी सत्ता नितान्त निःसार दिखलाई देती है। किन्तु उस ज्ञान के उदय से पूर्व उसकी वह सत्ता भयावह रूप में सार्थक है। परमतत्त्व में उसकी कोई स्थिति नहीं, किन्तु तो भी अपनी बाह्य अभिव्यक्ति में वह सर्वथा सर्वव्यापी है। वह मनुष्य को चारों ओर से घेर लेता है। वह रोम-रोम में समा जाता है। उसका स्तर पर स्तर जमता चला जाता है। वह स्थूल भी है, और सूक्ष्म भी है। उसका साम्राज्य विशाल है। उसकी क्षमता सर्वतोमुखी है। वह मनुष्य के केवल पापपूर्ण आचार तथा विचार में ही वास नहीं करता, अपितु मनुष्य की धर्मबुद्धि, परमार्थ-परायणता तथा सदाचार में भी प्रवेश पा लेता है।

अतएव, यह आश्चर्य का विषय नहीं कि जिन सन्तों ने उसकी सर्वतोमुखी सत्ता का साक्षात्कार किया है वे उसका विवरण विविध नामों तथा उपमाओं के माध्यम से व्यक्त करते हैं। कुछ लोग उसको लीला, माया, अविद्या, अथवा प्रकृति कहते हैं। वह वस्तुतः नाम-रूप के समस्त शुभ अथवा अशुभ विस्तार का स्रष्टा है। अतएव माया अथवा अविद्या केवल दृष्टि-विपर्यय अथवा विवेक-विपर्यय के समान ही नहीं है। वह तो कान्ट के उस 'पूर्वग्रह' के समान है जो समस्त इन्द्रियग्राह्य प्रत्यक्षीकरण एवं बौद्धिक धारणा के मूल में अवस्थित हो जाता है, और जो हमारे इहलौकिक ज्ञान, कर्म तथा प्रेरणा के तार-तार में

समाया हुआ है।

यद्यपि वह इतना सर्वतोमुखी एवं सत्ताशील है, तो भी जब-जब परमप्रकाश का उदय होता है तब-तब वह या तो सर्वथा रूपान्तरित हो जाता है अथवा सूर्य के सम्मुख विलीन होते हुए कुहासे के समान सर्वथा विलीन हो जाता है। प्रत्येक युग के सन्तों ने व्यावहारिक जगत् की सर्वतोमुखी सत्ता को स्वीकार किया है। उन्होंने यह भी माना है कि जब-जब परमात्मा के विषय में ज्ञान का उदय होता है तब-तब यह जगत् मिथ्या हो जाता है। उन्होंने बारम्बार यह अभीप्सा, आराधना तथा प्रार्थना की है कि उनको दुःख, निःस्सारता तथा मिथ्यात्व के इस महासागर से निकाला जाए और उनको परमेश्वर के पादपद्मों में शरणागति प्राप्त हो। इस प्रसंग में कबीरदास, सूरदास, रामप्रसाद तथा मीरा के अनेक सुन्दर पद हैं जो बद्ध तथा भ्रान्त जीव द्वारा, मुक्ति तथा भगवद्-प्राप्ति के लिए व्यक्त आर्तनाद को प्रतिध्वनित करते हैं।

अहम्मन्यता का विनाश, सत्त्वशुद्धि, तृष्णा तथा चित्त द्वारा उद्भूत संसार का अतिक्रमण—ये कुछ ऐसी प्रक्रियाएँ हैं जो प्रत्येक महान् सन्त के जीवन में घटित होती हैं। किन्तु साधारणतया ये प्रक्रियाएँ परोक्ष रूप से सम्पन्न होती रहती हैं। भगवान् बुद्ध को नाम-रूप-मय संसार के समुदय तथा निरोध के विषय में जो ज्ञान इतनी स्पष्टता तथा अन्तरंगता के साथ उपलब्ध हुआ था, वह तो दुर्लभ ही रहता है। अन्य सन्तों के लिए उनके सत्त्व का, एक मात्रा में, शुद्ध एवं शान्त हो जाना ही ऊर्ध्वस्थ आत्मानुभूति की उपलब्धि के लिए पर्याप्त रहता है। किन्तु भगवान् बुद्ध के विषय में यह स्पष्ट है कि उनकी अनुभूति सत्त्व की शुद्धि तथा शान्ति और अनासक्ति पर ही अवलम्बित नहीं थी। उनमें तो उस समस्त संज्ञा का सम्पूर्ण निरोध तथा प्रहाण हुआ था जिससे कि नाम-रूप-मय संसार का उद्भव होता रहता है। उनके संवाद (और उनकी मूर्तियाँ तथा उनके चित्र भी) जिस शान्ति, आत्मानुबोध तथा अनासक्ति को व्यक्त करते हैं उस समस्त पर परिपूर्ण परमार्थ की छाप अंकित है।

भगवान् बुद्ध की अनुभूति दुर्लभ है, किन्तु अनन्य नहीं। अध्यात्म-सम्बन्धी समस्त साहित्य में सामान्यतः और वेदान्त के साहित्य मे विशेषतः, उस अनुभूति का प्रचुर प्रमाण मिलता है। हाँ, नाम-रूप को उद्भूत करने वाली सत्ता का निरूपण इन समस्त श्रुतियों में एक ही प्रकार की भाषा तथा उपमा द्वारा व्यक्त

नहीं हुआ। कुछ सिद्धों ने यह साक्षात्कार किया है कि अपने परमधाम में विराजमान परमात्मा अपनी अपरिमेय माया के बल पर, अपने शब्द-संकेत अथवा चित्तशक्ति की सृजनात्मक क्षमता के द्वारा, 'महाशून्य' में से अनेक लोक, अनेक महासागर, अनेक नक्षत्र तथा अजस्त्र अहोरात्र की रचना करते हैं। प्लैतॉनवादी तथा नव्यप्लैतॉनवादी सृष्टिक्रम अथवा आविर्भाव की धारणाएं ऐसी ही हैं। कुछ अन्य सिद्धों ने देखा है कि परमात्मा अपने-आपको अनन्त नाम-रूप में व्यक्त कर रहे हैं और फिर भी उनका अपना स्वरूप इस समस्त सृष्टि-क्रिया द्वारा अन्ततः अस्पृष्ट रहता है। श्रीमद् भगवद्गीता में हम भगवान् कृष्ण को अर्जुन के समक्ष अपना विराट रूप प्रकट करते हुए देखते हैं: दिक् एवं काल, महान् देवता, नरलोकवीर, त्रिलोकी के समस्त चराचर, उनके 'दंष्ट्राकरालानि' तथा 'भयानकानि' मुखों में से उद्भूत होकर उन्हीं मुखों में 'त्वरमाणाः' प्रवेश कर रहे हैं।

कुछ अन्य साक्षात्कार भी हैं जो परमतत्त्व का ऐसा ही प्रतिपादन नहीं करते, किन्तु फिर भी जो किसी भी प्रकार से कम पारमार्थिक नहीं है। कुछ सिद्धों ने देखा है कि व्यावहारिक जगत् के नाम-रूप, कर्म-विधान के वशीभूत होकर, उदय तथा अस्त होते रहते हैं। सांख्य एक अन्य साक्षात्कार प्रस्तुत करता है जिसमें प्रकृति अपने त्रैगुण्य द्वारा प्रेरित होकर नाम-रूप के समस्त प्रपंच को प्रकट करती है। प्रलय की वेला में प्रकृति ही, साम्य अवस्था को प्राप्त होकर, अपने द्वारा सृष्ट उन समस्त नाम-रूपों तथा प्रवृत्तियों को अपने अन्तर में समेट लेती है, और अव्यक्त हो जाती है।

भगवान् बुद्ध का साक्षात्कार इस आशय में सांख्य के साक्षात्कार के समान है कि उसमें भी सृष्टि अथवा आविर्भाव की प्रक्रिया यद्यपि किसी चैतन्य सत्ता, अथवा किसी पुरुष अथवा परमात्मा की अपेक्षा नहीं करती, तो भी एक ऐसे विधान के वशीभूत रहती है जो कि पुरुष अथवा परमात्मा से कम पारमार्थिक नहीं। भगवान् बुद्ध की वाणी में प्रतीत्य-समुत्पाद के विभिन्न तत्त्वों की व्याख्या, जिस पर नाम-रूप का समस्त संसार अवलम्बित है, साधारण मानव-मानस की अनुभूतियों का आभास उपजाती है। किन्तु इसमें सन्देह नहीं कि उनको उन तत्त्वों का जो ज्ञान प्राप्त हुआ था वह पारमार्थिक ही था।

भगवान् बुद्ध की शिक्षा के क्रियात्मक होने के कारण उनके द्वारा प्रतिपादित

सृष्टिक्रम के तत्त्व भी व्यक्तिगत-से प्रतीत होते हैं—कर्म, स्पर्श, संज्ञा, तृष्णा इत्यादि। इसके विपरीत सांख्य अपनी बात को तत्त्वों की भाषा में कहता है—प्रकृति, महत्, अहंकार, मनस्, तन्मात्रा, इत्यादि। किन्तु दोनों की भूमि एक है।

: ४ :

बौद्धमत की नीरसता

बौद्धमत द्वारा प्रतिपादित निर्वाण-पद तथा उपनिषद् द्वारा प्रतिपादित परब्रह्म-साक्षात्कार—इन दोनों में जो सादृश्य अथवा तादात्म्य विद्यमान है उसकी चर्चा हम कर चुके। अब उन दोनों के मुख्य तथा गौण विभेदों का स्पष्टीकरण भी समीचीन है। कारण, जब-जब कोई पाठक औपनिषद् तथा बौद्ध साहित्य का अध्ययन करता है तब-तब उसको ऐसा लगता है कि दोनों साहित्य दो विभिन्न प्रकार के बोध की सृष्टि करते हैं।

यह माना कि परमतत्त्व के समस्त साक्षात्कार बुद्धिगम्य भाषा द्वारा अनिर्वचनीय एवं अकथनीय रहते हैं। फिर भी यह तो देखा ही जाता है कि पारमार्थिक अनुभूति की बौद्धिक प्रतीति को व्यक्त करने के लिए एक व्यक्ति एक प्रकार की भाषा का प्रयोग करता है, दूसरा व्यक्ति दूसरे प्रकार की भाषा का। और यह कोरा अकस्मात् नहीं है। इस प्रकार उन व्यक्तियों की अनुभूतियों का कुछ-न-कुछ स्पष्टीकरण अवश्य होता है, भले ही वह स्पष्टीकरण कितना ही अपूर्ण क्यों न रह जाए। अतएव भाषा का विभेद अनुभूति के विभेद का परिचायक भी है।

यह सत्य है कि इस विभेद के कारण अध्यात्म-अनुभूति अथवा अध्यात्म-तत्त्व की अखण्डता का खण्डन नहीं हो जाता। परमतत्त्व के साथ अनेक प्रकार के सम्पर्क स्थापित करना सर्वथा सम्भव है। वह तत्त्व स्वयमेव अनेक प्रकार के साधकों के साथ अनेक प्रकार के सम्पर्क स्थापित करता रहता है। और उन सम्पर्कों के वर्णन जब मानवीय भाषा में किए जाते हैं तो वे एक-दूसरे का बहिष्कार करते हुए भी प्रतीत होते हैं। किन्तु यह वैविध्य केवल इसी सत्य का द्योतक है कि परमतत्त्व मूलत: एक होकर भी अभिव्यक्ति तथा आविर्भाव की दृष्टि से अनेक हो सकता है।

जब कोई पाठक प्राचीनतम बौद्ध साहित्य का अध्ययन करता है तब उसका

परिचय एक ऐसे परिवेश से होता है जो अपेक्षाकृत नीरस है, जो आत्मसंयम के विषय में संकीर्ण एवं संक्लिष्ट है, और जो श्रम-प्रधान है। चैतन्य महाप्रभु, मीराबाई तथा आलवार भक्तों के पदों का पाठ करते समय जिस सहज, सम्पूर्ण और सरल विभोरता का बोध होता है, उसका बौद्ध साहित्य में सर्वथा अभाव है।

बौद्ध साहित्य में पारमार्थिक सत्ता के साथ एक अन्तरंग सम्पर्क का बोध तो विद्यमान है। फिर भी उस साहित्य में आत्मा अथवा परमात्मा का कहीं उल्लेख नहीं मिलता। किन्तु आत्मा तथा परमात्मा तो अध्यात्म-अनुभूति के अविकल अंग हैं। शंकराचार्य के मायावादी अद्वैत में तथा सांख्यशास्त्र की कतिपय वितण्डावादी व्याख्याओं में भले ही आत्मा-परमात्मा का समावेश नहीं हुआ हो, उपनिषद्, गीता, महाभारत तथा भारतवर्ष की साधारण अध्यात्म-चेतना में तो आत्मा और परमात्मा की भावना सर्वत्र व्याप्त है।

परमतत्त्व के परम-स्वरूप को लेकर भारतवर्ष में दो परम्पराएँ रही हैं। एक परम्परा उस तत्त्व को निर्गुण मानकर उसे एक निराकार एव निरपेक्ष अक्षर के रूप में ग्रहण करती है। साधक ज्यों-ज्यों उस तत्त्व की गौण तथा ऐहिक अभिव्यक्तियों तथा आकृतियों का निराकरण करता जाता है त्यों-त्यों वह उस तत्त्व के ऊर्ध्वस्थ स्वरूप का साक्षात्कार करता जाता है—शान्ति, सत्, चित्, आनन्द। परमतत्व का साक्षात्कार शान्ति अथवा मुक्ति के रूप में भी हो सकता है, और चित् तथा आनन्द के रूप में भी। तदनन्तर, इन साक्षात्कारों का निराकरण भी सम्भव है। आनन्द, शान्ति, मुक्ति, चित् इत्यादि का अतिक्रमण कर लेने पर साधक को केवल एक सारभूत सत्ता अथवा अखण्ड अस्तित्व की अनुभूति होने लगती है—किसी ऐसे अस्तित्व की अनुभूति जो सर्वव्यापी है किन्तु जिसका कोई नाम अथवा धाम नहीं। साधक सम्भवतः इस अस्तित्व का भी अतिक्रमण कर सकता है। और तब उसको परमतत्त्व का साक्षात्कार एक 'शून्य' अथवा 'अभाव' के रूप में होता है।

हमारे मत में भगवान् बुद्ध, परमतत्त्व के विषय में, इस आत्यन्तिक अतिक्रमण की परम्परा के अनुयायी थे। अतएव बौद्धमत में विहित निर्वाण के दो उद्देश्य हो गए :

१. व्यावहारिक सत्ता तथा मानवचेतना में उद्‌भूत समस्त रूपों तथा संज्ञाओं का आत्यन्तिक बहिष्कार और व्यावहारिक चेतना का आत्यन्तिक निरोध
२. परमतत्त्व के समस्त रूपों का, गुणों का, तथा अभिव्यक्तियों का आत्यन्तिक निराकरण—यहाँ तक कि सत्, चित् तथा आनन्द के बोध का भी निराकरण।

निर्वाण के प्राथमिक उद्देश्य के कई नाम पड़ गए। किन्तु उन सबका आशय एक ही रहा—चित्त की समस्त वृत्तियों तथा आसक्तियों का निरोध, और अन्ततः चित्त के अस्तित्व-बोध का भी बहिष्कार। इस साधना को निर्वेद, विराग, निरोध, उपशम, राग का प्रहाण, आसक्ति का प्रहाण इत्यादि कहकर पुकारा गया। इस आशय में, निर्वाण बौद्धमत की साधना का आदि और अन्त बन गया। यह साधना बौद्ध शील से प्रारम्भ होती है और प्रज्ञा का उदय होने पर इसकी समाप्ति मानी जाती है। प्रज्ञा का अर्थ है ऐहिक जीवन तथा ऐहिक पदार्थों के मिथ्यात्व तथा दु:खत्व का ज्ञान एवं उनका अतिक्रमण।

इस उत्तरोत्तर अतिक्रमण की साधना का संचय, बौद्धमत द्वारा विहित शील तथा प्रज्ञा की मध्यवर्ती अवस्था अर्थात बौद्धमत-विहित समाधि में भी होता रहता है। इस तथ्य का प्रमाण समाधि के विकास से सम्बन्ध रखने वाले बौद्ध विवरण में प्राप्त होता है। प्रथम ध्यान में वितर्क, विचार, प्रीति तथा सुख विद्यमान रहते हैं। द्वितीय ध्यान में वितर्क एवं विचार निरुद्ध हो जाते हैं। तृतीय ध्यान में प्रीति भी निरुद्ध हो जाती है और उपेक्षा का उदय होता है। चतुर्थ ध्यान में सुख भी निरुद्ध हो जाता है और केवल एकाग्रता तथा आत्यन्तिक उपेक्षा ही अवशिष्ट रहती है। तदनन्तर ज्यों-ज्यों समाधि का विकास होता है त्यों-त्यों निरोध तथा निराकरण की यह प्रक्रिया प्रवृद्ध होती जाती है और साधक को चार प्रकार के आनन्त्य-आयतनों की अनुभूति होती है। "उसकी जो पहिले की रूप-संज्ञा थी वह निरुद्ध हो जाती है (और) आकाश-आनन्त्य-आयतन वाली सूक्ष्म-सत्य-संज्ञा उस समय होती है... उसकी वह पहिले की आकाश-आनन्त्य-आयतन वाली सूक्ष्म-सत्य-संज्ञा निरुद्ध हो जाती है (और) विज्ञान-आनन्त्य-आयतन वाली सूक्ष्म-सत्य-संज्ञा उस समय होती है... उसकी वह पहिले की विज्ञान-आनन्त्य-आयतन वाली सूक्ष्म-सत्य-संज्ञा निरुद्ध हो जाती है (और) आकिञ्चन्य-आयतन वाली सूक्ष्म-सत्य-संज्ञा उस समय होती

है... उसकी वह पहिले की आकिञ्चन्य-आयतन वाली सूक्ष्म-सत्य-संज्ञा निरुद्ध हो जाती है (और) नैव-संज्ञा-नैव-असंज्ञा-आयतन वाली सूक्ष्म-सत्य-संज्ञा उस समय होती है... उसकी वह पहिले की नैव-संज्ञा-नैव-असंज्ञा-आयतन वाली सूक्ष्म-सत्य-संज्ञा निरुद्ध हो जाती है (और) अभिसंज्ञा-निरोध वाली सम्प्रज्ञात-समापत्ति उस समय होती है।''

किन्तु परमतत्त्व की अनुभूति केवल एक निर्गुण ब्रह्म के रूप में ही नहीं होती। उसकी अनुभूति एक ऐसे स्वामी, सखा, भर्ता, तथा प्रेमी इष्टदेव के रूप में भी सम्भव है जिसके प्रति प्रत्येक मनुष्य के मानस में निगूढ़ भक्त अपना मन, अपनी आत्मा, अपना सम्बल, अपना हृदय, अपना सर्वस्व समर्पित कर देता है। परमात्मा की अनुभूति की इस परम्परा में किसी प्रकार की क्षुद्रता, संकीर्णता अथवा हीनता नहीं है। यह अनुभूति भी वैसी ही बृहद्, अपरिमेय, मधुर एवं सम्पूर्ण है। ये परमात्मा गीता के वे पुरुषोत्तम हैं जिनका साक्षात्कार निराकार एवं निर्गुण के रूप में भी किया जा सकता है, और जो अपने भक्त के समीप वही रूप धारण करके भी आते हैं जिस रूप में कि भक्त उनकी उपासना करता है। वे भक्त के समीप बारम्बार अपनी समस्त सम्पूर्णता लेकर आते हैं। वे परमानन्द हैं, सनातन हैं, परमपूर्ण हैं। वे केवल अव्यक्त ही नहीं हैं, व्यक्त भी हैं। वे एकमेव अद्वितीयम् परमेश्वर हैं जो जीव तथा जगत् भी बन जाते हैं। महाप्रभु चैतन्य के शब्दों में, परमतत्त्व तो स्वयं श्रीकृष्ण हैं जो गोपियों का रूप भी धारण कर लेते हैं और जो, सब गोपियों के ऊपर, राधा भी बन जाते हैं—अपने साथ अपने ही संयोग-वियोग की रसानुभूति के लिए। वे राधा बनकर ही यह जान पाते हैं कि वे कितने मधुर, कितने हृदयहारी तथा मन एवं आत्मा को किस प्रकार मुग्ध कर देने वाले हैं।

ईसाइयत तथा इस्लाम के व्याख्याताओं का आक्षेप है कि हिन्दूधर्म में पुरुषात्मक ईश्वर का अभाव है। एक अर्थ में यह आक्षेप सही है। हिन्दूधर्म के पास वास्तव में ऐसा कोई ईश्वर नहीं है जो मानवीय गुण और मानवीय स्वभाव से सम्पन्न हो। न ही कोई ऐसा ईश्वर जो एक-अकेला, अलग-थलग और सब मनुष्यों की पहुंच के बाहर होने के कारण केवल अपने मुंहलगे पुत्र अथवा पैग़म्बर के साथ ही संलाप करता हो। हिन्दूधर्म में तो निराकार अद्वैत की भावना के साथ-साथ भागवत-भावना का भी पूर्ण विकास हुआ है।

हिन्दूधर्म में परमात्मा को पिता, माता, सखा, स्वामी, बन्धु, पति, प्रणयी तथा सैकड़ों अन्य रूपों में ग्रहण किया गया है। कई-एक ईसाइ सन्तों तथा मुसलमान सूफियों ने हिन्दू धर्म द्वारा परमात्मा के प्रति विहित इन भावनाओं का समर्थन किया है। किन्तु इन लोगों की अनुभूतियाँ तो इनके सम्प्रदायों के सिद्धान्तों का अतिक्रमण कर जाती हैं।

सत्य यह है कि आध्यात्मिक अद्वैत की नाईं आध्यात्मिक एकेश्वरवाद तथा आध्यात्मिक बहुदेववाद का भी हिन्दूधर्म में समावेश है। परमात्मा परात्पर भी हैं, और सर्वव्यापी भी। वे पुरुषातीत भी हैं, और पुरुषात्मक भी। किन्तु हिन्दूधर्म यहीं पर इति नहीं करता। उसके अनुसार परमात्मा के दिव्य रूप भी हैं, दिव्य नाम भी हैं, और वे अपने दिव्य धामों में अपने दिव्य सहचरों के साथ दिव्य लीलाएँ तथा दिव्य क्रीड़ाएँ भी करते हैं। वैकुण्ठ, वृन्दावन, गोलोक, कैलाश— ये सब कोरी कल्पनाएँ नहीं है, प्रत्युत् ऊर्ध्वतम एवं पारमार्थिक सत्य है।

: ५ :

बुद्ध का अनात्मवाद

बौद्धमत की एक विलक्षणता और भी है। वह मत व्यक्तिगत मनुष्य की आत्मा का अस्तित्व अस्वीकार करता है अथवा उसके विषय में मौन धारण किए रहता है। कुछ लोगों का मत है कि भगवान् बुद्ध ने आत्मा को कभी अस्वीकार नहीं किया। उन लोगों के कथनानुसार भगवान् ने केवल मनुष्य के अहंकार अथवा बाह्य व्यक्तित्व अथवा व्यक्तिगत आत्मबोध को ही अस्वीकार किया है। इन सबके विषय में साधारणतया आत्मा का भ्रम उत्पन्न होता रहता है। एक बार वे एक सीसम के वृक्ष के नीचे उपासीन थे। तब उन्होंने उस वृक्ष के थोड़े से पत्ते लेकर आनन्द से कहा था कि जिस प्रकार वे पत्ते जो उन्होंने हाथ में लिए हुए हैं, उन पत्तों की अपेक्षा जो वृक्ष में लगे हुए हैं, बहुत थोड़े हैं, उसी प्रकार वे धर्म जिन्हें जानकर उन्होंने कह दिया है, उन धर्मों की अपेक्षा, बहुत थोड़े हैं जिन्हें जान कर उन्होंने नहीं कहा।

भगवान् बुद्ध के कुछ स्पष्ट शिक्षापद तो ऐसे भी हैं जिनमें उन्होंने आत्मा का आत्यन्तिक क्षय मानने वाले सिद्धान्तों को अस्वीकार किया है। यह बतलाते हुए कि उन्होंने वत्सगोत्र परिव्राजक को एक सीधा हाँ या ना कहकर उत्तर क्यों

नहीं दिया, वे कहते हैं : ''आनन्द! यदि मैं वत्सगोत्र परिव्राजक को 'अस्तित्व' कह देता तो यह शाश्वतवाद का सिद्धान्त हो जाता। और यदि मैं वत्सगोत्र परिव्राजक को 'नास्तित्व' कह देता तो यह उच्छेद्वाद का सिद्धान्त हो जाता।'' एक अन्य अवसर पर वे उन लोगों का प्रत्याख्यान करते हैं जो उनको ''नास्तिक'' तथा ''सत्त्व का उच्छेद, विनाश एवं विभव'' बतलाने वाला कहते थे। वे कहते है : ''जो मैं नहीं हूँ, जिस धर्म को मैंने नहीं कहा, उसका लाञ्छन मुझ पर लगाया जा रहा है।''

ऐसा जान पड़ता है कि ''आत्मा'' भगवान् बुद्ध द्वारा नहीं बतलाए गए धर्मों में से ही एक धर्म है। इस धर्म के बतलाने से किसी विशेष उद्देश्य की सिद्धि नहीं होती। कारण, प्रथमत: आत्मा के सत्य का लेखा बुद्धिगम्य भाषा में नहीं दिया जा सकता। द्वितीयत:, आत्मा अथवा किसी अन्य, व्यक्तिगत अथवा समष्टिगत, शाश्वत तत्त्व के प्रतिपादन से व्यक्ति को उस सत्य की प्राप्ति में सहायता नहीं मिलती। उस सत्य का साक्षात्कार तो व्यक्ति की दृढ़ साधना द्वारा ही सम्भव है। जो कुछ भी क्षयधर्मा है, जो कुछ भी व्यावहारिक जगत् के अन्तर्गत है, उसका बहिष्कार करके ही उस सत्य का साक्षात्कार सम्भव है। समस्त वितर्क-विचार, समस्त इन्द्रियस्पर्श, समस्त रूप-समुदाय, जिनके विषय में शाश्वत तत्त्व की भ्रान्ति होती है, सर्वथा बहिष्कृत हो जाने चाहिएँ।

साथ ही यह भी कहा जा सकता है कि किसी शाश्वत आत्मतत्त्व का प्रतिपादन करना सम्भवत: हानिकारक ही होता। साधक-गण साधारणतया अपने शरीर अथवा मन को आत्म-तत्त्व समझने की भूल करते हैं। कम-से-कम मानस की सूक्ष्म तथा सात्त्विक वृत्तियों अथवा अवस्थाओं के विषय में तो प्रायश: ऐसी भूल होती है जब कि सत्य यह है कि मन अपनी ऊर्ध्वतम अवस्था में भी केवल एक पुद्गल है, एक स्कन्ध है, विविध तत्त्वों का एक पुञ्ज-मात्र है, और इसलिए वह परिवर्तनशील तथा विनाशशील है।

भगवान् बुद्ध के ''शून्यवाद'' का केवल इतना ही आशय है कि ये स्कन्ध अथवा संस्पर्श-समुदाय किसी प्रकार के शाश्वत सत्य नहीं है। संयुत्त-निकाय के एक संवाद में इस आशय का भलीभाँति स्पष्टीकरण हो जाता है। आयुष्मान् आनन्द ने भगवान् बुद्ध से पूछा : ''भन्ते! क्या होने से लोक शून्य कहा जाता है?'' भगवान् ने उत्तर दिया : ''आनन्द! क्योंकि आत्मा अथवा आत्मीय से

शून्य है, इसलिए लोक को शून्य कहा जाता है। आनन्द! आत्मा अथवा आत्मीय से शून्य क्या है? आनन्द! चक्षु, रूप, चक्षु-विज्ञान, चक्षु-संस्पर्श, चक्षु-वेदना आत्मा अथवा आत्मीय से शून्य हैं। श्रोत्र, शब्द, श्रोत्र-विज्ञान, श्रोत्र-संस्पर्श, श्रोत्र-वेदना आत्मा अथवा आत्मीय से शून्य हैं। घ्राण, गन्ध, घ्राण-विज्ञान, घ्राण-संस्पर्श, घ्राण-वेदना आत्मा अथवा आत्मीय से शून्य है। जिह्वा, रस, जिह्वा-विज्ञान, जिह्वा-संस्पर्श, जिह्वा-वेदना आत्मा अथवा आत्मीय से शून्य है। काया, स्पर्श, काया-विज्ञान, काया-संस्पर्श, काया-वेदना आत्मा अथवा आत्मीय से शून्य हैं। मन, (मन के) धर्म, मनः-विज्ञान, मनः-संस्पर्श मनः-वेदना आत्मा अथवा आत्मीय से शून्य हैं। आनन्द! क्योंकि आत्मा अथवा आत्मीय से शून्य है, इसलिए लोक को शून्य कहा जाता है।''

फिर भी इस बात का समाधान तो करना ही होगा कि बौद्ध साहित्य में आत्मतत्त्व के प्रतिपादन का अभाव क्यों है। कारण, विभिन्न युगों में मानव-जाति के समस्त धर्मसम्प्रदायों में आत्मतत्त्व ही केन्द्र में प्रतिष्ठित होता रहा है। उपनिषद् की भाषा में आत्मतत्त्व 'अंगुष्ठमात्रः पुरुषः' अर्थात् अंगूठे के आकार वाला पुरुष है, ''मध्ये वामनमासीनम्'' अर्थात् शरीर के मध्य में आसीन वामन है। और इसी आत्मा की अनुभूति उन सब साधकों को होती रही है जो किसी भी युग में दिव्य आह्वान द्वारा आकर्षित हुए हैं।

प्रथम अवलोकन करने पर बौद्धमत में आत्मतत्त्व की अस्वीकृति, वेदान्त की उस व्याख्या से सहमत प्रतीत होती है जो मनुष्य में व्यष्टिगत आत्मा का अभाव मानती है। किन्तु वेदान्त की यह दृष्टि वेदान्त की अन्य दृष्टियों से सहमत नहीं है। न ही यह दृष्टि मनुष्य की साधारण अध्यात्म-अनुभूति से सहमत है।

आत्मतत्त्व की अस्वीकृति के क्रियात्मक कारणों की विवेचना हम ऊपर कर चुके। और भी दो कारणों से आत्मतत्त्व को अस्वीकृत किया जा सकता है, अथवा उस विषय मे मौन का अवलम्बन लिया जा सकता है। ये दोनों कारण आध्यात्मिक हैं। एक कारण तो यह है कि गाढ़ समाधि की अवस्था में व्यक्तित्व की समस्त भावना, यहाँ तक कि आध्यात्मिक व्यक्तित्व की भावना भी, लुप्त हो जाती है और साधक एक ऐसी चेतना में डूब जाता है जो नाम-रूप से विहीन है, जो असीम है, जो पारमार्थिक एवं अनिर्वचनीय है; अथवा

वह एक महाशून्य अथवा स्वयम्भू के महासागर में लीन हो जाता है। इस विषय में श्री अरविन्द द्वारा प्रस्तुत साक्ष्य अत्यन्त उपादेय है। उनके कथनानुसार निर्वाण को कोई लोक अथवा धाम कहकर उसका परिचय नहीं दिया जा सकता। कारण, निर्वाण की समस्त प्रेरणा ही संसार से तथा सांसारिक तत्त्वों से कूटस्थ हो जाने की ओर है। अतएव निर्वाण को चेतना की अथवा अतिचेतना की वह स्थिति मानना होगा जिसका कोई लोक अथवा धाम नहीं।

निर्वाण तो मानस का पूर्ण मौन है, समस्त प्रवृत्ति, संकल्प-विकल्प, तर्क-वितर्क का क्षय है। और यह क्षय इतना आत्यन्तिक हो सकता है कि केवल मौन मानस के लिए ही नहीं, अपितु निश्चेष्ट ज्ञानेन्द्रियों के लिए भी अखिल जगत् का सत्त्व एवं सार लुप्त हो जाए, तथा समस्त पदार्थ ऐसे सत्त्वविहीन रूप बनकर रह जाएं कि जिनका कोई अधिष्ठान ही नहीं अथवा जो नाम-रूप-विहीन आनन्त्य में डूबते-उतराते हैं। यह आनन्त्य ही अथवा इसके परे अन्य कोई अस्तित्व ही वह तत् है जो कि एकमेव अद्वितीयम् सत्य है। फलस्वरूप, जिस चेतना का उद्‌भव होता है वह पूर्ण शान्ति, मौन तथा विमुक्ति की चेतना होती है।

श्री अरविन्द को स्वयं जब निर्वाण की अनुभूति हुई थी तब व्यक्तिगत आत्मा की समस्त भावना उनसे विस्मृत हो गई थी। उनके लिए किसी भी आत्मतत्त्व का, व्यष्टिगत अथवा समष्टिगत, अस्तित्व ही नहीं रह गया था। वे कहते हैं : ''मुझको स्वयं निर्वाण तथा ब्रह्म में लय हो जाने की अनुभति हुई थी। प्रथमतः वह अनुभूति अनायास ही आविर्भूत हुई और वह पूर्ण शान्ति से ओतप्रोत थी। मानो अन्तर की समस्त मानसिक, भावनात्मक तथा अन्य प्रवृत्तियों का क्षय हो गया हो... मुझको किसी शुद्ध 'अहम्' की चेतना नहीं रही। न ही किसी निराकार अथवा अन्य आत्मतत्त्व की चेतना मुझे रही। बस उस 'तत्' की ही चेतना मात्र रह गई। वही 'तत्' सम्पूर्ण सत्य था, अन्य सब कुछ असत्य, शून्य एवं मिथ्या। उस सत्य का साक्षात्कार किसने किया? वह तो एक नाम-रूप-विहीन चेतना थी जो उस 'तत्' से विभिन्न नहीं थी। साधक इतना तो कह ही सकता है, यद्यपि इतना कहना भी युक्तिसंगत नहीं। कारण, उस अनुभूति के विषय में तो कोई मानसिक धारणा ही नहीं बनी। किन्तु इससे अधिक तो कुछ नहीं कहा जा सकता। चेतना (उस का यह अथवा वह अंश

अथवा किसी प्रकार का 'अहम्' नहीं) सहसा अपने अन्तर के समस्त सत्त्व से रिक्त हो गई और उसको एक मिथ्या संसार तथा किसी अर्निवचनीय सत्य का ही भान रह गया।"[४]

अतएव, पारमार्थिक सत्य का साक्षात्कार करने के लिए यह आवश्यक नहीं कि साधक अपने भीतर किसी व्यक्तिगत शाश्वत अहम् को पा ले, अथवा किसी समष्टिगत आत्मा को खोजे, अथवा परिवर्तनशील संसार के मूल में किसी अपरिवर्तनशील तत्त्व का साक्षात्कार करे। साधना का आरम्भ उस ग्रंथि के विमोचन अथवा क्षय से किया जा सकता है जिसको मानस अथवा अहंभाव कहते हैं। तब साधक उस पारमार्थिक सत्य का सीधा सन्धान एवं साक्षात्कार कर सकता है जो कि एक नाम-रूप-विहीन चेतना है, जिसको न आत्मा कहा जा सकता है न अनात्मा, जो कूटस्थ और अनिर्वचनीय है, और जिसका कोई नाम अथवा धाम नहीं। इसको भगवान् बुद्ध का निर्वाण कहा जा सकता है, अथवा परवर्ती बौद्धों का शून्य अथवा अभाव, अथवा गीता का "अनादिमत्परं ब्रह्म न सत्तन्नासदुच्यते", अर्थात् वह अनादि और परम ब्रह्म जिसको न सत् कहा जा सकता है और न असत् ही।

: ६ :

अनित्यत्व तथा दुःखत्व

उपरोक्त विभेदों के अतिरिक्त व्याख्या एवं व्यञ्जना के अन्य विभेद भी हैं। इन विभेदों का प्रसंग सामान्यत: इहलौकिक जीवन का दुःखत्व एवं अनित्यत्व है। वेदान्त ने भी इहलोक की सम्पदा के अनित्यत्व का आग्रह है, किन्तु वेदान्त की व्याख्या आनन्द, शान्ति तथा पारमार्थिक अनुभूति की ओर ही अधिक झुकी है। यही कारण है कि बौद्ध तथा हिन्दू साहित्य का अध्ययन करते समय अध्येता के मानसपट पर दो विभिन्न चित्र अंकित होते हैं।

वेदान्त ने भी पारमार्थिक अनुभूति की बुद्धिगम्य भाषा द्वारा अनिर्वचनीयता का प्रतिपादन भगवान् बुद्ध के अनुरूप ही किया है। किन्तु वेदान्त ने उस अनुभूति का उद्‌बोधन, आकलन, और उपमाओं तथा दृष्टान्तों द्वारा निदर्शन

४. श्री अरविन्द, ऑन हिम्सैल्फ एण्ड दि मदर, १९५३, पृ० १७८-७९।

करने से मुख नहीं मोड़ा। भगवान् बुद्ध दृष्टान्त देने के विषय में प्रतिभासम्पन्न पुरुष थे। किन्तु उन्होंने सारे दृष्टान्त शील तथा समाधि के सम्बन्ध में अपने शिक्षापदों को सुस्पष्ट करने के लिए ही दिए। इसके विपरीत, वेदान्त ने इन्हीं दृष्टान्तों तथा उपमाओं की भाषा का प्रयोग पारमार्थिक अनुभूति के सौन्दर्य, सौमनस्य तथा स्वाच्छन्द्य का यथासाध्य वर्णन करने में किया। यही कारण है कि बौद्धमत शून्यत्व तथा अनित्यत्व का चित्र प्रस्तुत करता है, जब कि वेदान्त सौमनस्य तथा स्वाच्छन्द्य की प्रतीति उपजाता है।

बौद्धमत में व्यावहारिक तथा पारमार्थिक सत्ताओं का विभाजन अथवा पृथक्करण अपेक्षाकृत आत्यन्तिक और अनिवार्य-सा हो गया है। इन दोनों सत्ताओं के बीच परस्पर सम्पर्क अथवा आदान-प्रदान का कोई स्थान ही वहाँ नहीं रह जाता। व्यावहारिक जगत् आद्योपान्त दुःखत्व एवं अनित्यत्व है, जब कि जन्म-मरण के उस पार का लोक कूटस्थ एवं अनिर्वचनीय है। और दोनों लोक एक-दूसरे का पूर्ण बहिष्कार करते हैं। एक लोक में दूसरे लोक का कोई प्रतिबिम्ब अथवा उसकी कोई प्रतिध्वनि अथवा उसका कोई प्रत्याह्वान प्राप्त नहीं होता।

वेदान्त में ये समस्त प्रसंग विभिन्न प्रकार से प्रस्तुत किये गए हैं। वेदान्त की उस व्याख्या में भी जो कि बौद्धमत के समीपतम है, जगत् एवं जीव का अस्तित्व परमतत्त्व की मायाशक्ति पर अवलम्बित है। वेदान्त की उन व्याख्याओं में जो अधिक स्वीकारात्मक हैं, ब्रह्म के संस्पर्श से ही यह जगत् सर्वप्रथम पूर्ण सत्य में प्रतिष्ठित होता है—उस सत्य में जो कि जडवादी द्वारा स्वीकृत वस्तु-सत्य से असंख्य-गुणा अधिक सत्य है। वस्तुतः उस सत्य की तुलना में तो जडवादी का वस्तु-सत्य सत्य ही नहीं रह जाता। यह माना कि परमात्मा के बिना लोक 'शून्य' है। किन्तु ऐसा तो कोई लोक ही नहीं जिसमें परमात्मा नहीं हों। सब कुछ का उद्भव परमात्मा से ही हुआ है, और परमात्मा में ही सब कुछ की स्थिति तथा गति है। परमात्मा ऊपर, नीचे, पीछे, आगे—समस्त पदार्थों तथा प्राणियों के हृदय में प्रतिष्ठित हैं।

मनुष्य की आत्मा अपने पारमार्थिक उद्भव का स्मरण करती है, और अपनी भावी पारमार्थिक परम-गति की ओर उन्मुख होती है। वह अपने दिव्य धाम के लिए अथवा प्लैटॉन के शब्दों में अपनी 'लीलास्थली' के लिए

लालायित रहती है। वह उस लीलास्थली का अवलोकन करती है, और अवलोकन की क्रिया में 'सम्पन्न एवं सुखी बना दी जाती है', तथा तृप्त हो जाती है। गीता तथा कठोपनिषद् की भाषा में जगजीवन का वृक्ष 'ऊर्ध्वमूल' है, अर्थात् उसकी जड़ें ऊपर हैं। यह जगत् तथा इसका अस्तित्व परमात्मा में प्रतिष्ठित हैं। ''तस्मिंल्लोकाः श्रिताः सर्वे'' अर्थात् ये समस्त लोक उस ब्रह्म में स्थित हैं। इस संसार में मानवजीवन की प्रतिष्ठा इससे प्रशस्ततर और क्या हो सकती है। हरमेटिक परम्परा के अनुसार जो-कुछ ऊपर है वही नीचे भी है, व्यावहारिक सत्ता पारमार्थिक सत्ता का ही प्रतिबिम्ब है।

वेदान्त की परम्परा में केवल जीव ही परमात्मा के प्रति अभीप्सा करके परमात्मा को प्राप्त नहीं करते, परमात्मा भी धरा पर अवतरित होते हैं और, जीवों का उद्धार करने तथा उनके आध्यात्मिक उत्क्रमण में सहायक बनने के लिए, अपने-आपको जगजीवन के बन्धनों में आबद्ध करते हैं। इस प्रकार परमात्मा तथा जीवात्माओं के बीच, समष्टि तथा व्यष्टि के बीच, पारमार्थिक तथा व्यावहारिक के बीच, एक प्रेमपूर्ण आदान-प्रदान होता है, एक ''खुल समसम'' का सन्धान मिलता है। भगवान् एवं उनके भक्त के बीच एक पारस्परिकता का नाता है। वे एक-दूसरे में प्रतिष्ठित होकर वर्तमान तथा गतिमान रहते हैं। एक को दूसरें में अपना पूर्ण प्रत्याह्वान, प्रतिबिम्ब, प्रतिरूप तथा प्रतिस्वन प्राप्त होता रहता है।

इस उपरोक्त विभेद से उद्भूत एक अन्य विभेद हिन्दू तथा बौद्ध साधनापद्धति में देखा जाता है। बौद्धमत में किसी प्रेमपूर्ण परमात्मा की प्रतिष्ठा नहीं है। अतएव प्रत्येक साधक को अपनी मुक्ति के लिए अपने ही सम्बल तथा अपनी ही साधना पर निर्भर करना पड़ता है। वेदान्त में भी साधक के व्यक्तिगत अध्यवसाय के औचित्य का अभाव नहीं। किन्तु उसकी साधना में तुरन्त ही परमतत्त्व की पूर्ण आराधना तथा परमतत्त्व के प्रति पूर्ण समर्पण का समावेश हो जाता है :

सर्वधर्मान् परित्यज्य मामेकं शरणं व्रज।
अहं त्वां सर्वपापेभ्यः विमोक्षयिष्यामि मा शुच॥

अर्थात् समस्त साधनाओं का त्याग करके एकमात्र मेरी शरण में आ जा। मैं तुझे समस्त पापों से मुक्त कर दूँगा। श्रीकृष्ण स्वयं गीता में यह सन्देश देते

हैं।

साधक की व्यक्तिगत साधना जब-जब शुद्ध तथा सतत होती है तब-तब वह भगवद्-कृपा का आह्वान करती है। भगवद्-कृपा का दिव्य जलप्रवाह भक्त को परिप्लावित कर देता है, सराबोर कर देता है। साधनापद्धति का यह विभेद भी बौद्धमत में शुष्कता, निवृत्ति-परायणता तथा कठोरता की प्रतीति उपजाता है। इसके विपरीत, उपनिषदों के आधार पर प्रतिपादित साधनापद्धतियाँ, सौमनस्य तथा सहजभाव से परिपूर्ण हैं।

किन्तु इन विभेदों को हमें अधिक दूर तक नहीं बढ़ाना चाहिए। जैसा कि हम देख चुके हैं, वेदान्त की भी एक ऐसी परम्परा है जो बौद्धमत की निवृत्ति-परायण परम्परा के अत्यधिक समीप है। इसी प्रकार बौद्धमत के तत्त्वशास्त्रों तथा उसकी साधनापद्धतियों में ऐसे अनेक सम्प्रदाय हैं जो हिन्दूधर्म की अपेक्षाकृत प्रवृत्ति-परायण परम्परा के अत्यधिक समीप हैं। इन सम्प्रदायों में साधक समस्त विचार-वितर्क तथा संकल्प-विकल्प का बहिष्कार करके और जगत् से उदासीन होकर (हिन्दू इसी साधना को अष्टाङ्गयोग कहते हैं) शून्य में प्रवेश नहीं करता, प्रत्युत् वह 'करुणामय बुद्ध' की शरण लेता है। इन सम्प्रदायों में बौद्धमत शुष्क एवं अनाकर्षक नहीं रह जाता, प्रत्युत् रसमय एवं वैभवयुक्त हो जाता है। किन्तु हमने जान-बूझकर बौद्धमत की इन प्रबल परम्पराओं की चर्चा नहीं की। कारण, हमारी दृष्टि बौद्धमत के उन तत्त्वों पर ही आविष्ट थी जो उस मत के प्राचीनतम साहित्य में प्राप्त होते हैं और जिनके विषय में समस्त बौद्ध सम्प्रदाय एकमत हैं। हम केवल यह निर्णय करना चाहते थे कि हिन्दूधर्म के साथ तुलना करने पर उन तत्त्वों का तादात्म्य क्या है।

बौद्धमत-विहित 'शून्य' के स्वरूप के विषय में भ्रान्ति नहीं रहनी चाहिए। वस्तुतः, यह 'शून्य' बौद्धमत की विशेषता नहीं है। यह तो निराकरण की वह प्रक्रिया है जिसका विधान समस्त अध्यात्म-परम्पराएं तथा समस्त गुह्य-साधनाएँ देती हैं। ऊर्ध्वस्थ दिव्यलोकों में प्रवेश करने के लिए 'शून्य' के द्वार को पार करके ही जाना पड़ता है। इसलिए अर्हत् उसको कहा गया है जिसकी समस्त प्रवृत्तियाँ, समस्त तृष्णा, एवं समस्त इन्द्रिय-संस्पर्श निरुद्ध हो गए हों।

इसके अतिरिक्त, निर्वाण कोई शुष्क तथा जीवन से पराङ्मुख प्रक्रिया नहीं है। गुह्य-साधना को नहीं समझ पाने वाले लोग ही निर्वाण के सम्बन्ध में ऐसा

विचार करते हैं। ज्यों-ज्यों साधक का मानसिक तर्क-वितर्क, संकल्प-विकल्प, तृष्णा तथा रागोन्मेष क्षय होता जाता है त्यों-त्यों वह मुक्ततर तथा प्रसन्नतर होता जाता है। तब यह जीवन जो साधारणतया अन्ध, उद्विग्न, क्षुद्र, दुःखपूर्ण, वेदनायुक्त तथा श्रान्त-सा रहता है, सौमनस्य, स्वाच्छन्द्य, प्रकाश तथा शक्ति में अपनी वास्तव प्रतिष्ठा को प्राप्त करता है।

भगवान् बुद्ध के शिक्षापदों में जिस दुःख का इतना उल्लेख है तथा जिसको लेकर लोग बौद्धमत से विमुख हो जाते हैं, उसका सत्य-स्वरूप भी ठीक से नहीं समझा गया है। उस दुःख की स्थिति मानसिक नहीं, पारमार्थिक है। द्वन्द्व तथा अनित्यत्व के स्तर पर तो दुःख की सत्ता ही सम्भव है। फिर वह दुःख चाहे मानसिक रूप में व्यक्त हुआ हो अथवा नहीं हुआ हो, अथवा मानसिक रूप में भले ही इस लोक के सुखमय इन्द्रिय-स्पर्श उपलब्ध होते रहें। जो मानस इन्द्रिय-ग्राह्य और सुख-दुख-मय स्पर्शों में आबद्ध है, उसके लिए तो वस्तुतः यह दुःसाध्य है कि वह दुःख की मौलिक तथा सार्वलौकिक सत्ता को समझे। भगवान् बुद्ध ने स्वयं कहा है: "किसी सूक्ष्म छिद्र में से दूर से चलाए हुए तीर का निकालना और एक बार भी निशाना नहीं चूकना कठिन है। किसी बाल की नोंक को सौ भागों में बाँट कर एक भाग को उसी प्रकार बँटे हुए बाल की नोक से बींधना और भी कठिन है। और इस सत्य का साक्षात्कार करना कि यह सब-कुछ दुःख है, और भी अधिक कठिन है।"

दुःख तथा आनन्द के विषय में हिन्दूधर्म तथा बौद्धमत की धारणाएँ एक दूसरे की पूरक ही हैं, परस्पर-विरोधी नहीं हैं। नीचे की ओर से देखने पर, द्वन्द्व तथा अनेकत्व के दृष्टिकोण से, परमात्मा से विलग होकर यह जगत् बौद्धमत की धारणा के अनुरूप ही दुःख, दौर्मनस्य, अनित्यत्व तथा वेदना का आगार है। किन्तु ऊपर की ओर से देखने पर, उस 'एक' अथवा 'तत्' के सर्वतोमुखी दृष्टिकोण से, यह सब-कुछ आनन्द में सराबोर है, यह सब-कुछ माँ भगवती की मुग्धकारी महिमा है, अथवा हिन्दूधर्म की परम्परागत भाषा में भगवान् कृष्ण या भगवान् शिव की प्रेममयी एवं आनन्दमयी लीला है। तैत्तिरीय उपनिषद् का वचन है : "आनन्दो ब्रह्मेति व्यजानात्। आनन्दादेव खल्विमानि भूतानि जायन्ते। आनन्देन जातानि जीवन्ति। आनन्दं प्रयन्त्यभिविशन्तीति।" अर्थात् आनन्द ही ब्रह्म है, यह जान लिया। आनन्द से ही ये समस्त प्राणी

उत्पन्न होते हैं, उत्पन्न होकर आनन्द से जीते हैं (तथा) इस लोक से प्रयाण करते हुए आनन्द में ही प्रविष्ट हो जाते हैं।

तो फिर हिन्दूधर्म तथा बौद्धमत के बीच विरोध कहां रह जाता है?

: ७ :

उपसंहार

उपरोक्त विवेचना में हमने यह देख लिया कि भगवान् बुद्ध, उनकी अध्यात्म-अनुभूति तथा उनके शिक्षापद हिंदू-परम्परा के ही अन्तर्गत थे। वे उपनिषद् की परम्परा के उत्तराधिकारी थे। उनको किसी अन्य अर्थ में समझा ही नहीं जा सकता। उनको उस परम्परा से पृथक् करना जिसका उन्होंने अनुमोदन, पोषण एवं प्रतिनिधित्व किया था, और उनको अलग से समझने की चेष्टा करना, केवल भ्रान्ति का ही प्रसार करता रहा है, और इस कारण उनके शिक्षापदों की दुर्गति ही हुई है। उन्होंने स्वयं किसी अभिनव आविष्कार का दावा नहीं किया। उन्होंने तो यही कहा था कि उन्होंने एक ''पुरातन पथ को देख लिया'' और वे एक ''पुरातन पथ'' पर चल रहे हैं। जो लोग भगवान् बुद्ध के प्रति श्रद्धासम्पन्न एवं भक्तियुक्त हैं उनके लिए यही उचित है कि वे उस परम्परा के प्रति भी श्रद्धासम्पन्न तथा भक्तियुक्त हों जिसने भगवान् बुद्ध को जन्म दिया, उनका पालन-पोषण किया, और उनके पिता, गुरु तथा प्रेरक का पद ग्रहण किया। एक श्रद्धासम्पन्न बौद्ध के लिए यह अपरिहार्य है कि वह एक श्रद्धासम्पन्त हिन्दू भी बने।

किन्तु अपने-आप को भगवान् बुद्ध के उपासक बतलाने वाले कुछ अद्यतन बौद्ध उस पितृभूत परम्परा को लाञ्छित करने की होड़ लगा बैठे हैं और संयम की सीमा लांघते रहते हैं। यह सारा अध्यवसाय उनके अज्ञान का ही द्योतक है।

भगवान् बुद्ध के भक्त किसी भी बौद्ध को भगवान् तथा, तदुपरान्त, सम्राट अशोक की तरह भारतवर्ष का प्रतिनिधित्व करना चाहिए।[५] उसे यह याद रखना

---

५. बौद्धधर्म अपने विश्व-प्रसार में शायद हिन्दूधर्म के पूर्ववर्ती प्रसार का ही अनुगमन कर रहा था। बौद्धधर्म वहां-वहां ही पहुँचा जहां हिन्दूधर्म पहिले से ही प्रज्ञापित तथा प्रतिष्ठित हो चुका था। उन देशों में बौद्धधर्म ने वहां की जनता के हृदय स्थायी रूप में जीत लिए और वहां का कुछ भी नष्ट किये बिना वह वहां जम गया। नए देशों की मनीषा द्वारा पुष्ट होकर, बौद्धधर्म नए-

चाहिए कि भारतवर्ष केवल भगवान् बुद्ध की ही भूमि नहीं अपितु राम, कृष्ण, याज्ञवल्क्य, व्यास, कबीर, नानक, चैतन्य, मीरा तथा आलवारों की भूमि भी है। हिन्दूधर्म किसी एक किताब में बन्द अथवा केवल एक पैग़म्बर द्वारा प्रवर्तित सम्प्रदाय नहीं है। वह तो मनुष्य की उस अनामा अध्यात्म-साधना और ज्ञान-सम्पदा का आगार है जिसे अनेकानेक ऋषियों और सन्तो ने संजोया है। हिन्दूधर्म केवल तर्क द्वारा सजायी गयी किसी मीमांसा की महारनी नहीं है। इसके विपरीत वह अनामा को नामांकित करने की और अकथनीय को वाणी में व्यक्त करने की साधना है। वह उस परात्पर की प्रतीति को भाषा प्रदान करने का प्रयास है जिसके साथ अनेक प्रकार के सम्पर्क स्थापित करने के लिए साधकों ने अपने-अपने आधार और अधिकार के अनुरूप प्रत्येक युग में स्पृहा की है।

हिन्दुधर्म एक विशाल जलाशय के समान है जिसमें से अनेक नदियां निकलती हैं और जिसमें वे नदियां अनेक अपरिचित और उर्वर अंचलों में प्रवाहित होने के उपरान्त पुनः समाहित हो जाती हैं। यह धर्म एक ऐसा सृजनशील तन्त्र है जिस ने अनेक सुन्दर और सजीव आकृतियों को प्रकट किया है। स्वयं अनैतिहासिक अर्थात् सनातन होते हुए भी, इस धर्म ने अनेक ऐसे सम्प्रदायों और आम्नायों को जन्म दिया है जिनके इतिहासों में अनेक उतार-चढ़ाव मिलते हैं। यह धर्म हृदयगुहा में प्रतिष्ठित केवल एक ही प्रभु की आराधना करता है। किन्तु समय-समय पर इसने अनेक ऐसे शास्ता और सिद्धों का पोषण किया है जिनकी शक्ति और दृष्टि अनुपम थी और जो ऊर्ध्वस्थ तथा अन्तस्थ देवताओं के अवतार कहलाए।

बौद्धधर्म, जैनधर्म, ब्रह्मवाद, शाक्तमत, वैष्णवमत, सिक्खपन्थ तथा अद्वैत एक ही जननी की कुलीन संतान हैं। इनमें से कोई भी मार्ग, जब तक वह

नए रूपों में पल्लवित हुआ और सब स्थानों पर पूर्णतया स्वदेशीय बन गया। परदेश का कोई दूरवर्ती और अपने-आपको उसका प्रभु मानने वाला प्रतिष्ठान उसका प्रवर्तन नहीं कर रहा था। इसके विपरीत, बौद्धधर्म ने सर्वत्र स्थानीय धरती से ही रस संजोया। इसीलिए बौद्धधर्म किसी ऐसे साम्राज्यवाद का वाहन नहीं बना जो दूर से ही उन देशों का शोषण करे। उसका केन्द्र तथा तन्त्र सदा प्रत्येक देश के भीतर ही रहा। इसीलिए वह अपने सभी अनुयायियों की भाषाओं में बोल पाया।

अपनी सर्वसाधारण परम्परा और अपने सर्वसाधारण उद्गम को नहीं भुलाता, अपने अनुयायी को पूर्ण तृप्ति प्रदान करता है। किन्तु यदि किसी मार्ग को संकीर्ण सम्प्रदाय बना कर, समष्टि का प्रत्याख्यान किया जाता है तो वह एकांगी और विकृत हो जाता है। हिन्दूधर्म एक ऐसी वीणा है जिसमें से अनेक मधुर स्वर निकलते हैं। स्वरग्राम की समष्टि में प्रत्येक स्वर अपने-अपने स्थान पर सार्थक है। वेद कहता है—एकं सद् विप्राः बहुधा वदन्ति। इसी प्रकार धर्म भी एक ही है, और शाश्वत दर्शन भी एक ही है। वह है सनातन धर्म जो हिन्दूधर्म का पुराना नाम है। किन्तु सनातन धर्म की अभिव्यक्तियां अनेक हैं। विविध सम्प्रदाय एक ही सनातन धर्म के विविध पक्ष हैं, अगम्य की ओर गमन के विविध मार्ग। वे सब के सब स्तुत्य हैं और सब अपनी-अपनी श्रद्धा के सुमन एक ही वेदी पर चढ़ाते हैं।

हिन्दूधर्म और बौद्धधर्म परस्पर सहोदर हैं। उन दोनों को अपने ऐकात्म्य की विस्मृत चेतना को फिर से जगाना चाहिए। उन दोनों को दिव्य तथा परम के प्रति अपनी श्रद्धा को पुनः प्रतिष्ठित करना चाहिए। वे दोनों परस्पर सहयोग करके एक जीते-जागते अध्यात्म की अदम्य शक्ति बन सकते हैं। उन दोनों को एक साथ आगे बढकर सत्रंस्त संसार को अपनी अमृत वाणी सुनानी चाहिए। उस वाणी के अभाव में निकृष्ट मतवाद तथा जीवनदर्शन अपना-अड्डा जमा बैठे हैं और मानवजाति को घोर अकल्याण की ओर धकेल रहे हैं। इन मतवादों ने योरप को अपना पहिला शिकार बनाया। अब ये एशिया की ओर बढ़ रहे हैं। चीन को भी इन के करालपाश ने दबोच लिया है। किन्तु चीन की सांस्कृतिक तथा आध्यात्मिक जड़े गहरी हैं। चीनी जनता ने बहुत अनाचार सहा है और वह समय बदलने की बाट जोहना जानती है। अतएव यह निस्सन्देह है कि चीन अपने वर्तमान शासकों की बर्बरता से बच कर निकल जाएगा। अधुना चल रहे उद्वेग और विध्वंस के शान्त हो जाने पर चीन की जनता की सौम्य तथा उदात्त गुणसम्पदा फिर विजय प्राप्त करेगी। वस्तुतः चीन द्वारा आत्मोद्धार की साधना के संकेत मिलने लगे हैं।

भारत की जनता भी इन निष्कृट मतवादों के मोहजाल से नहीं बच पा रही। नए भारत में उस के आध्यात्मिक उत्तराधिकार को प्रतिगामी, भारस्वरूप और अकल्याणकारी कहा जा रहा है। देश के राजनैतिक, सांस्कृतिक तथा बौद्धिक

जीवन की बागडोर जिन लोगों के हाथों में आई है वे भारत की पुरातन निष्ठाओं को न तो समझते है, न उन निष्ठाओं के प्रति सहृदय अथवा सहनशील हैं। किन्तु यह संशय का विषय नहीं कि वे लोग असफल रहेंगे और अदूर भविष्य में भारत फिर अपने स्वधर्म पर आरूढ़ होगा।

पाश्चात्य साम्राज्यवाद ने धरा के अनेक अंचलों को विध्वस्त किया है। केवल आर्थिक दृष्टि से ही नहीं, संस्कृति के नाते भी। उत्तर तथा दक्षिण अमेरिका के देशों में वहां के स्वदेशीय धर्मों का लोप हो गया है। अफ्रीका महाद्वीप के स्वदेशीय धर्म भी इस्लाम तथा ईसाइयत द्वारा सुनियोजित रूप से आक्रान्त हैं। आर्थिक साम्राज्यवाद पीछे हटता जा रहा है। किन्तु धार्मिक तथा आध्यात्मिक धर्षण अबाध, अभूतपूर्व और उद्दाम आवेग के साथ आगे बढ़ रहा है। पुराने साम्राज्यवाद की तुलना में यह अनवरत चलने वाला धर्षण अधिक विध्वंसकारी है।

आज जिन मतवादों का घटाटोप है उनके अनेक नाम हैं, अनेक रूप हैं। उन में से कई-एक लौकिक कहलाते हैं, कई-एक धर्म का छद्मवेश धारण किए हुए हैं। किन्तु उन की गुण-सम्पदा एक-समान है—वे सब के सब मतान्ध, संकीर्ण, स्वेच्छाचारी, दम्भपूर्ण तथा महत्त्वोन्मादी हैं। वे कहते है कि सत्य पर उनका एकाधिकार है और उस सत्य को वह दूसरों पर बलात् थोपना चाहते हैं। उन में अन्तर्मुखी भावना, उदात्त उदारता और बृहद् मानवीयता का अभाव है। उन सब का आधार है मानव की एक अधकचरी मीमांसा तथा परमाराध्य के विषय में एक विकृत दृष्टि। अपने-आप को धर्म कहने वाले मतवादों की चर्चा हम इस समय नहीं करेंगे। उदाहरण के रूप में दो प्रमुख मतवादों का उल्लेख पर्याप्त है—कम्यूनिज्म तथा उदारवादी गणतन्त्र। ऊपर से देखने पर इन दोनों के बीच द्वन्द्व दिखलाई देता है। किन्तु वस्तुतः इन के बीच अनेक साम्य हैं। ये दोनों एक दूसरे के पूरक मतवाद हैं। इन दोनों के प्रकार और प्रवाह एक ही मनीषा का पोषण करते हैं। कम्यूनिज्म नितान्त नास्तिक माना जाता है। दूसरी ओर उदारवादी गणतन्त्र के जो प्रकार हमें विभिन्न देशों में दिखलाई देते हैं वे नितान्त भोगपरक और व्यक्तिपरक हैं। गणतन्त्र में सत्य तथा नीतिमत की समीक्षा व्यावहारिक, लौकिक तथा सापेक्ष पद्धति से की जाती है। उस समीक्षा में शिवम् की भावना का, परमार्थ-चिन्तन का, और सृष्टि में सामञ्जस्य

देखने का द्रुतगति से विलोप होता जा रहा है। निस्सारता और निरर्थकता का बोध एक उपासना-पद्धति बनता जा रहा है। सत्य केवल उसे समझा जाता है जो सुविधाजनक हो, अथवा अनोखा और मनोरञ्जक हो। गणतन्त्र की सारी संस्कृति में सनसनी की स्पृहा व्याप्त है, छिछोरा विलास ही मनोरञ्जन का माध्यम बन गया है। प्रत्येक प्रसंग में तत्परायणता को तुच्छ समझा जाता है। इस प्रकार गणतन्त्र का जन-जीवन खोखला होता जा रहा है। अतएव गणतन्त्र का उदार जडवाद अपने से अधिक दृढ़व्रती और आक्रामक जडवाद के सामने नहीं ठहर पाएगा। कम्यूनिज्म का जडवाद अधिक संयमी और अनुशासन-परायण है।

दूसरी ओर यह भी कहना पड़ेगा कि उदारवादी गणतान्त्रिक देश राजनीति की दौड़ में भले ही मात खा जाएं, उनकी सांस्कृतिक तथा आर्थिक प्रणालियां अन्ततः जीत जाएंगी। भोगवाद तथा विलासवाद में बड़ा सम्मोहन है और उनसे पार पाना कठिन है। उनकी मार सूक्ष्म तथा कूट होती है। वे जल की तरह रिस कर भीतर पैंठ जाते है, व्याप्त होते रहते हैं, संयम की जड़े गला डालते हैं। वे अपने शिकार के सहयोग से ही शिकार को भीतर से खोखला करते रहते हैं। आंखे तरेरने वाला तानाशाह, मुस्कराते रहने वाले पूंजीशाह के सामने नहीं ठहर पाता। दण्ड जहां विफल हो जाता है, वहां प्रलोभन सफल हो जाता है। सौख्य से भरे भविष्य का सपना आतंक से भरे भविष्य के दुःस्वप्न पर विजयी होता दिखता है।

यह समस्त विवेचना यह मान कर की गई है कि विद्यमान उद्योगवादी संस्कृति स्थायी रहेगी। किन्तु इस संस्कृति के क्षय तथा दिवालिएपन के संकेत मिलने लगे हैं। मनीषा की दृष्टि से देखा जाए तो यह संस्कृति अभी भी थोथी दीख पड़ती है। मनुष्य की गहन अभीप्साओं की पूर्ति वह नहीं कर पा रही। नवयुवकवर्ग में विवशता का बोध बढ़ रहा है, विद्रोह जाग उठा है। कल्याण के विषय में अज्ञ होने के कारण वह वर्ग अकल्याणकारी दिशाओं की ओर अग्रसर है।

निष्ठाओं के प्रसंग में विभ्रम तथा विडम्बना की इस स्थिति में, सर्वसाधारण विफलता तथा विस्मृति की इस वेला में, क्या कोई मानवजाति को फिर से जगा सकता है, उसे अपनी अध्यात्म-परम्परा का स्मरण करा सकता है,

भगवत्परायण और आत्मान्वेषी जीवन की ओर उन्मुख कर सकता? इस पुनर्जागरण में, इस पुनरुत्थान में भारतवर्ष की क्या भूमिका रहेगी—उस भारतवर्ष की जो अत्यन्त प्राचीन काल से अध्यात्म-यज्ञ का पुरोधा रहा है?